PETIT DÉCODEUR ILLUSTRÉ DE L'ENFANT EN CRISE

圖解孩子的失控小劇場

圖解孩子的失控小劇場：

阿德勒正向教養，終結2-12歲孩子的無理取鬧，親子一同與情緒作朋友

作　　者	安－克萊兒・克蘭迪恩（Anne-Claire Kleindienst）
插　　畫	琳達・柯瑞芝（Lynda Corazza）
譯　　者	陳文怡
美術設計	郭彥宏
內頁構成	高巧怡
行銷企畫	林芳如、王淳眉
企畫統籌	駱漢琦
業務發行	邱紹溢
業務統籌	郭其彬
行銷統籌	何維民
責任編輯	張貝雯
副總編輯	何維民
總 編 輯	李亞南

國家圖書館出版品預行編目資料

圖解孩子的失控小劇場：阿德勒正向教養,終結2-12歲孩子的無理取鬧,親子一同與情緒作朋友 / 安-克萊兒.克蘭迪恩(Anne-Claire Kleindienst)著；琳達.柯瑞芝(Lynda Corazza)繪；陳文怡譯. -- 初版. -- 臺北市：地平線文化, 漫遊者文化出版：大雁文化發行, 2018.07
　面；　公分
譯自：Petit décodeur illustré de l'enfant en crise
ISBN 978-986-95873-7-2(平裝)
1.親職教育 2.親子溝通 3.情緒教育
528.2　　　　　　　　　107009147

發 行 人	蘇拾平
出　　版	地平線文化 漫遊者文化事業股份有限公司
地　　址	台北市松山區復興北路三三一號四樓
電　　話	（02）27152022
傳　　真	（02）27152021
讀者服務信箱	service@azothbooks.com
漫遊者臉書	www.facebook.com/azothbooks.read
劃撥帳號	50022001
戶　　名	漫遊者文化事業股份有限公司

發　　行	大雁文化事業股份有限公司
地　　址	台北市松山區復興北路三三三號十一樓之四

初版六刷	2018年10月
定　　價	台幣399元
Ｉ Ｓ Ｂ Ｎ	978-986-95873-7-2

阿德勒
正向教養
Alfred Adler

圖解孩子的
失控小劇場

終結2-12歲孩子的無理取鬧，親子一同與情緒作朋友

著 Anne-Claire Kleindienst
安—克萊兒 · 克蘭迪恩

繪 Lynda Corazza
琳達 · 柯瑞芝

譯 陳文怡

目錄

前言

這本書的誕生，源自兩位媽媽的相遇。其中一位媽媽是四個孩子的母親、也是心理治療師；另一位媽媽是插畫家，並成為兩個孩子的母親。儘管這兩段人生旅程截然不同，她們同樣對廣義的人類懷抱熱情，也都渴望能以最貼近孩童需要的方式，來陪伴每個孩子。

這本書的核心是正向教養，它是支撐這整本書的骨幹。正向教養是一九七〇到一九八〇年間，在美國由簡·尼爾森[1]和琳·洛特[2]，先後根據阿爾弗雷德·阿德勒（Alfred Adler）和魯道夫·德瑞克斯（Rudolf Dreikurs）這兩位移民美國的奧地利精神科醫師作品，孕育出來的教養方式。正向教養發展了三十多年（主要是在美國），之後傳入法國。二〇一一年起，法國臨床心理師碧翠絲·莎巴德（Béatrice Sabaté）致力創建法國正向教養協會（Association Discipline Positive），並組織初期培訓課程。從那時起，正向教養不但在法國持續發展，也不斷在全球許多國家推展開來，在許多父母和老師身上，都引發了迴響。

安－克萊兒是臨床心理師，也獲得正向教養導師認證。她除了在自己的診所裡，為家長開設工作坊提供諮商，同時也前往學校，以正向教養的輔導方式提供建議與協助。安－克萊兒也受過催眠療法和遊戲治療相關訓練，在本書中，她提出的看法不僅周到，也融合人性，和她長年在關係諮商領域的工作經驗。

琳達是插畫家，也熱愛心理學。她參加安－克萊兒主持的家長工作坊，接受正向教養的訓練。由於她的兩個孩子都資賦優異，也都有注意力不足過動症，而她從工作坊的訓練得到許多解答與建議，特別是那些適合特殊狀況孩童的教養方式。她想將這些心得，分享給對孩子鬧彆扭感到苦惱的父母；在法國注意力不足過動症協會HyperSupers論壇，她和其他父母的公開交流尤其熱烈。她堅持在回應時，答案都必須具體實際，好讓其他父母能應用在日常生活中，也能在面對兒女鬧彆扭時，做出最妥當的反應。

一開始和孩子溝通遇到困難，琳達就渴望能有一本書可以幫助自己，也能協

1　譯註：簡·尼爾森（Jane Nelsen）是美國舊金山大學教育心理學博士，現為持有執照的美國心理治療師。她擅長的領域是婚姻、家庭關係，與孩童教養，著有正向教養系列叢書。
2　譯註：琳·洛特（Lynn Lott）是美國舊金山大學婚姻與家庭諮商碩士、索諾馬州立大學（Sonoma State University）心理學碩士，並持有北美阿德勒心理學會（The North American Society of Adlerian Psychologists）榮譽證書。她自一九七〇年代開始執業，是正向教養系列叢書的作者或合著作者。

助其他瀕臨崩潰邊緣的父母應付日常生活。所以她和安－克萊兒攜手合作這本書，正是水到渠成。

　　為了幫助讀者度過親子危機，也為了使讀者能從危機裡學到某些有用的事，好讓他們日後的家庭關係都能受益，兩位作者在這本書分享了她們的摸索成果，和她們的發現、失敗，以及她們的情緒衝動。這本書藉由彩色圖表和插圖等視覺語言來傳達內容，對於無法專心閱讀文字為主作品的讀者，這本書也刻意寫得淺顯易懂。

　　這本書提供讀者一段旅程。大家在書裡的前五章，會找到理解孩子的關鍵，也會找到採取行動的祕訣，使自己能面對生活中許多非常具體的問題。讀者打開這本書，可以從第一頁讀到最後一頁，也可以在書裡查詢特定主題，不必完整瀏覽書籍內容。第六章則有些不同，因為這一章試圖邀請讀者，促使自己超越前五章內容，站在為人父母的立場，面對未來的長遠發展，重溫自己過去培養自己成為勇敢又有恆心的父母，過程中某些必要的基礎。

　　這本書其實沒有神奇的答案，書裡談到的教養方式，也都無法依樣畫葫蘆使用，因為每個希望使用這些教養方式的人，都有自己的創造力，而這些教養方式，也會根據每個人的創意有所調整。這本書不是現成可用的教養方式，畢竟父母的外在表現經常受到磨練，也會不斷改變，況且配合每個孩子和每種情況採用的方法，也都確實得量身訂做。有些人讀了前面幾行，就會說書裡提出的這類主張，是假設大家都有時間才做得到的那種建議，而且會表示他們真的很缺乏時間，他們還說，這一切只有大家沒有壓力時才可能做得到。

　　為了用最適合自己的方式採取行動，也為了使我們能從既有位置向前邁進，作為父母的職責，是從接受自己開始，也從承認我們生而為人，都有自己的極限需要開展……。儘管最初踏出第一步時，我們似乎都沒想到自己要走一段漫漫長路，長達數公里遠，一心只希望自己能飛快跟上心目中的理想標準。在這種狀況下，要明白自己在過程中的逐步進展，也融合自己在過程中理解的一切，有時反而會更加困難，因為大家都想立刻就達到目標！

　　本書呈現的這段路，正是以每位父母在現實與日常生活中會實際遇上的具體情況，拼貼而成的馬賽克旅程。雖然每個人都能依自己的處事標準，在書裡挖掘

這樣或那樣的建議，藉此脫離親子危機，但我們也可以站在長期的觀點，讓自己持續耕耘，改善家庭關係的素質。

那麼，祝各位讀者閱讀愉快。在為人父母這條複雜又美妙的路上，也祝您旅途愉快！

獻給我們的孩子里維歐（Livio）、馬蒂歐（Mattéo），和艾黛兒（Adèle）、洛林（Lorraine）、戴奧菲（Théophile）、歐克塔夫（Octave）。這些孩子使我們天天都有所成長，沒有他們，就不會有這本書。

獻給我們的丈夫。面對我們的追尋與不斷探索，感謝他們給予的耐心和支持。

獻給茱莉（Julie）、克蘿伊（Chloé）、卡洛琳（Caroline）、賽格蓮（Ségolène）。她們都相信我們這個寫作計劃，也都支持我們。

獻給祕密族群，和注意力不足過動症協會HyperSupers論壇中的那些超級媽媽。她們的一切分享，充實了這本書。

獻給艾蜜莉（Émilie）、碧翠絲（Béatrice）和凱瑟琳（Catherine），謝謝她們令人安心的校閱。

獻給艾琳（Aline），謝謝她在這個計劃中無比的付出與投入。

獻給我們的父母，也獻給目前仍試圖盡力養育孩子的家長，以及致力建設明日世界的每個人。

——安－克萊兒與琳達

序

這本書是一封溫和的邀請函。它邀請讀者一起合作，也邀請讀者成為有創意的父母。這樣的邀請，正如我們要對一段關係許下承諾，而這段關係中，交織了不少心聲。

成人要調整自己的教養態度，使自己能顯得堅決又和善，就得完整帶著自己的豐富人性，走上這條共同學習的路。我們這麼做的時候，目標不能著重於家庭關係會變得融洽和諧，完全沒有紛爭，而是要重視這段關係的運作，是否能令人滿意。對於父母和孩子來說，雙方能有機會一起進步，使自己變得完美，這多棒啊！

這項挑戰會迫使我們遠離自己的習慣。我們會因此振奮，也會因而不安。為了有能力迎接這項挑戰——它肯定也是我們陪伴當今孩童成長必須面對的挑戰，安－克萊兒和琳達以她們的幽默、見識，和聰明才智，建議我們運用這些有助於發展創造力的機會，轉化自己面對孩子哭鬧的氣惱，也改變自己為人父母的難處。

簡·尼爾森的正向教養像是柔軟穩固的布景，在書裡一頁頁鋪展開來。在這樣的背景中，日常生活的場景、解答的尋覓、毫不費力就能反覆運用的教養方式，都恰如其分地緊密連結，而且這本書不會將讀者限制在單一思考的範圍內，也不會將讀者侷限在那種看起來很有希望，實際上卻會騙人的現成可用的教養方式中。作者向我們展示事情潛在的發展，也刺激我們反省自己，她們帶領我們，為我們的家庭創造未來，而這個未來的模樣如何，則由我們自己做主。

最後，這本書的深度，展現於精神科醫師阿爾弗雷德·阿德勒所說的合作原則。阿德勒非常願意相信，只要有創造力，每個人都能培養出自己的歸屬感，也都能發展自己與生俱來的天賦，如此一來，每個人都能幫助自己的家庭，使它能好好運作，每個人也都會對社會有所貢獻，使它進展良好。

如今為人父母，比起過去任何時候都更像冒險。感謝這份實際又幽默的指南，它給了我們祕訣，使我們能懷抱信心，在為人父母這條充滿意義的路上展翅高飛。

——碧翠絲·莎巴德

這時候孩子要說的話，其實是：

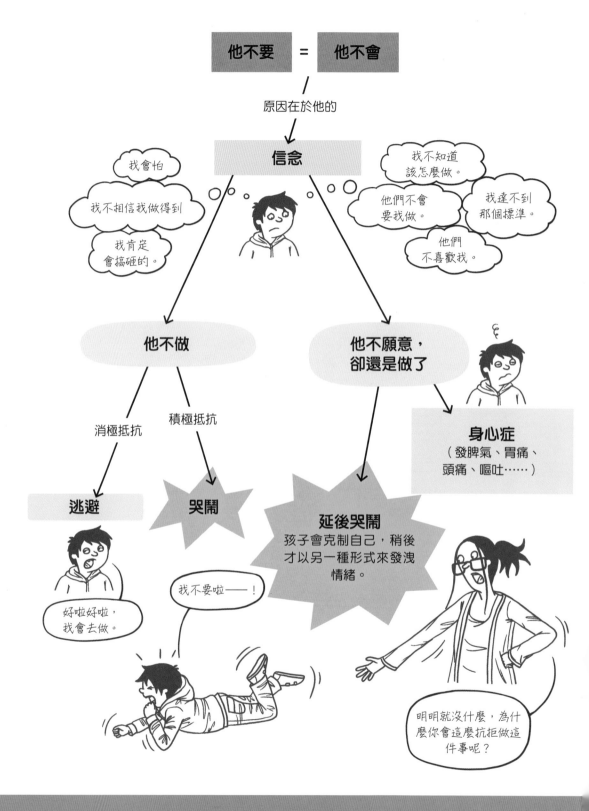

重要的是，孩子要感覺到有人傾聽自己說話，
受人接納，以及有人了解自己。
至於孩子不肯做的背後，究竟隱藏了什麼，
我們不必當場就得明白。

為人父母的我們，在適當的時候應該要重新面對孩子，
藉此嘗試了解孩子心裡抗拒一件事的原因，
我們尤其要和孩子一起找出解決方法，
好讓孩子下次比較容易面對同樣的事。

讓我們在日常生活中探索這一切吧……

我們只好投身拉鋸戰……

向孩子提出建議，而且必須是 **數量有限的選項**，使孩子練習自制。

衣服的選擇　　穿衣服的時間　　是否需要幫忙

但是　　　　　　或是　　　　　　又或著是

穿上衣服，這沒得商量！

你可以選擇T恤要穿藍色或者紅色。

你可以吃午餐前就穿好，也可以吃過午餐再穿。

你比較喜歡我幫你穿衣服，或者你自己穿？

如果情況沒有進展，
我們可以改用其他方式處理。

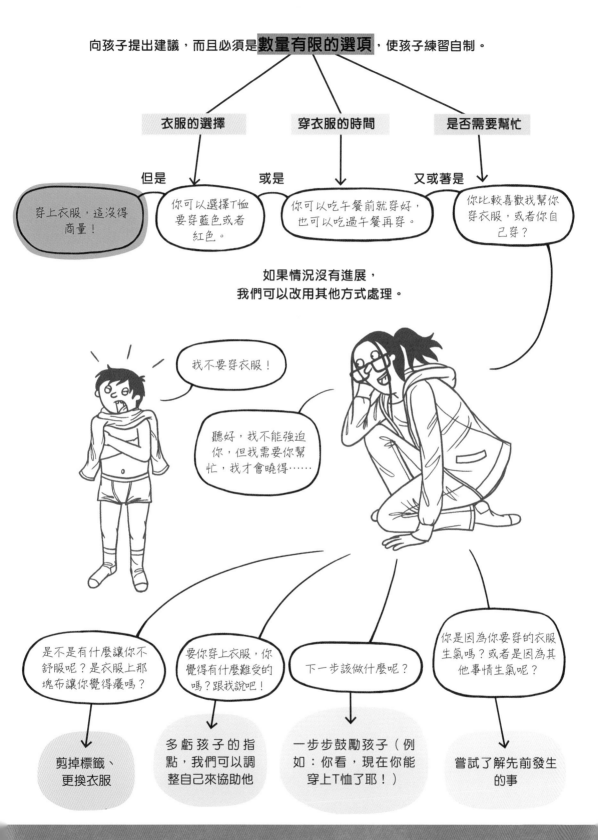

我不要穿衣服！

聽好，我不能強迫你，但我需要你幫忙，我才會曉得……

是不是有什麼讓你不舒服呢？是衣服上那塊布讓你覺得癢嗎？

要你穿上衣服，你覺得有什麼難受的嗎？跟我說吧！

下一步該做什麼呢？

你是因為你要穿的衣服生氣嗎？或者是因為其他事情生氣呢？

剪掉標籤、更換衣服

多虧孩子的指點，我們可以調整自己來協助他

一步步鼓勵孩子（例如：你看，現在你能穿上T恤了耶！）

嘗試了解先前發生的事

我們沒有時間蘑菇，
只好用力硬拉孩子去學校……

我們可以向孩子表示，說我們意識到他爲了上學這件事，感到痛苦不安，
但我們需要他幫助我們，讓我們了解他究竟怎麼了……

以這樣的交流，和我們感受到孩子心裡的強烈抗拒作爲起點，
結果可能會是……

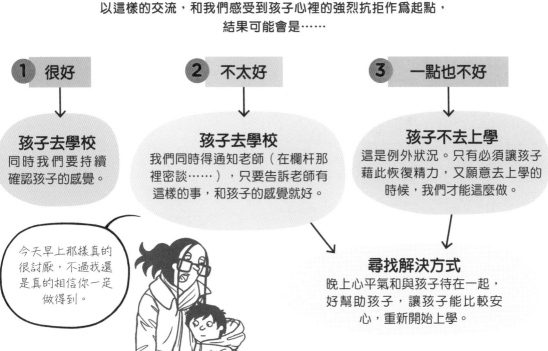

如果同樣的情況持續，就必須聯絡學校，也必須撥電話給醫療專業人員
（像是心理師、醫生、身心平衡治療師……），設法調整這種情況。

每到吃飯時間，我們就只好不斷提高音量大叫，
搞得自己精疲力盡……

為了防止同樣的情景一再上演，
孩子在哪個地方，我們就去那裡找他。

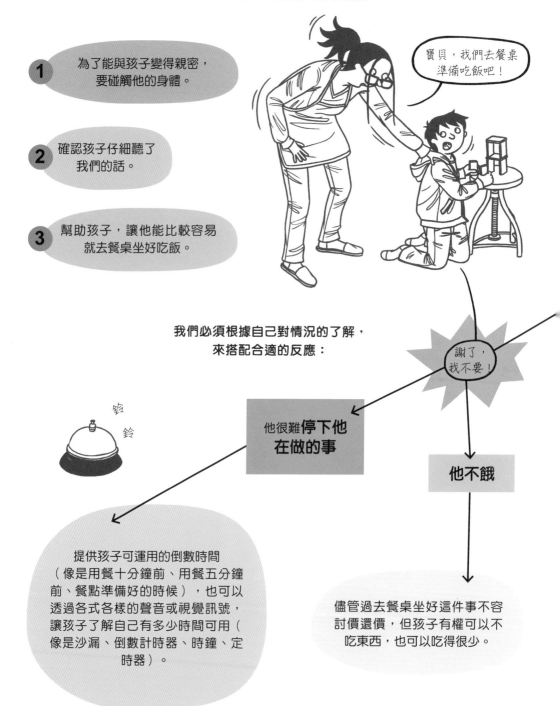

1 為了能與孩子變得親密，
要碰觸他的身體。

2 確認孩子仔細聽了
我們的話。

3 幫助孩子，讓他能比較容易
就去餐桌坐好吃飯。

寶貝，我們去餐桌
準備吃飯吧！

我們必須根據自己對情況的了解，
來搭配合適的反應：

謝了，
我不要！

鈴鈴

他很難**停下他
在做的事**

他不餓

提供孩子可運用的倒數時間
（像是用餐十分鐘前、用餐五分鐘
前、餐點準備好的時候），也可以
透過各式各樣的聲音或視覺訊號，
讓孩子了解自己有多少時間可用（
像是沙漏、倒數計時器、時鐘、定
時器）。

儘管過去餐桌坐好這件事不容
討價還價，但孩子有權可以不
吃東西，也可以吃得很少。

因為孩子在餐桌旁坐好吃飯，
有過**不好的經驗**

快點吃完！

你乖一點！

坐好！

吃下去！

嘴巴閉上！

不要搖來搖去！

他**怕**在餐桌上見到
爸媽或兄弟姊妹

避免生氣，即使孩子做了什麼使我們不
高興，我們也得練習不要調整他的行
為，並專心培養**平靜的用餐氣氛**。

因為**吵架**

如果去餐桌坐好吃飯，
對孩子來說太難做到，
可以破例**不要過去**餐桌。

如果同樣的情況重複出現，
就和孩子與（或）家裡的其他成員，
一起找出解決方式。

有誰能夠幫上忙，
讓你比較容易回到
餐桌上，和我們一
起吃飯呢？

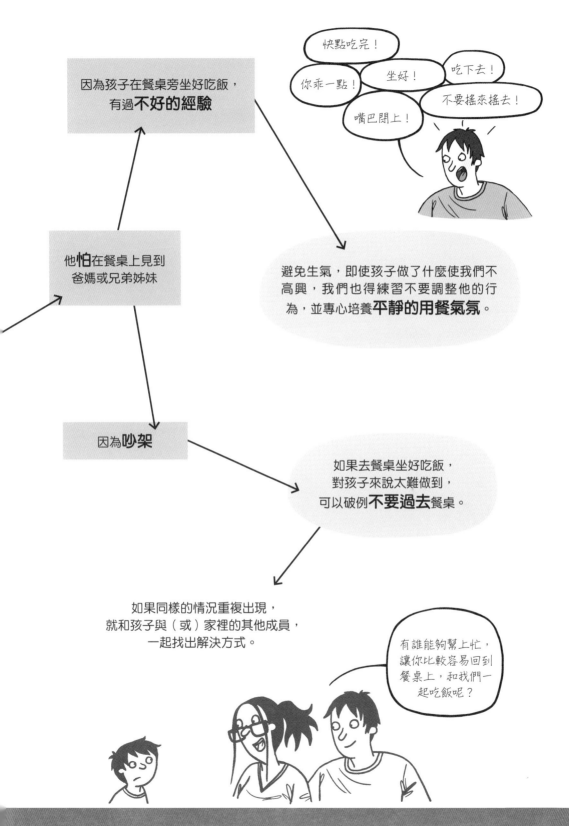

我們卻由於焦慮和說教，
使一頓飯變成戰場……

要用比較合適的方式來應付孩子這種拒絕，
我們得先看看，人想吃東西的因素。

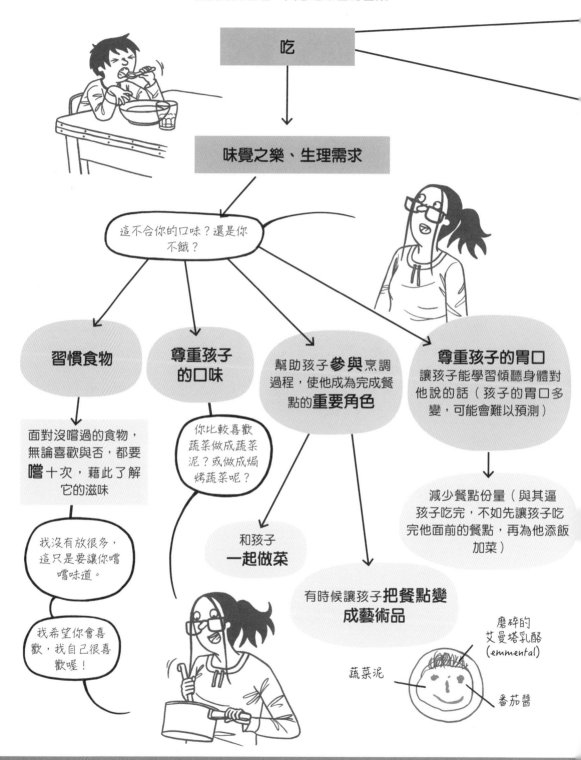

吃

味覺之樂、生理需求

這不合你的口味？還是你
不餓？

習慣食物

面對沒嚐過的食物，
無論喜歡與否，都要
嚐十次，藉此了解
它的滋味

我沒有放很多，
這只是要讓你嚐
嚐味道。

我希望你會喜
歡，我自己很喜
歡喔！

**尊重孩子
的口味**

你比較喜歡
蔬菜做成蔬菜
泥？或做成焗
烤蔬菜呢？

幫助孩子**參與**烹調
過程，使他成為完成餐
點的**重要角色**

和孩子
一起做菜

有時候讓孩子**把餐點變
成藝術品**

尊重孩子的胃口
讓孩子能學習傾聽身體對
他說的話（孩子的胃口多
變，可能會難以預測）

減少餐點份量（與其逼
孩子吃完，不如先讓孩子吃
完他面前的餐點，再為他添飯
加菜）

磨碎的
艾曼塔乳酪
(emmental)

蔬菜泥

番茄醬

身體的記憶 → 孩子曾對某種食物有不適反應（像是嘔吐、胃食道逆流……），以致於看到這種食物馬上聯想到身體不舒服 → 在愉快的情況下重新開始吃它

心理狀態

只要有衝突，即使很小，都可能會引起胃痛。孩子和父母之中的一方或者雙方有所爭執，都可能會導致孩子拒絕進食

有什麼事不順心嗎？

提出疑問，以了解情況

別忘了訂下用餐規矩，也別忘了堅持這些規矩：

如果未來一小時內，你肚子餓了，你得等到下一餐才能再吃東西喔！

我們只能眼睜睜看著事情發生……

即使家事原本就沒吸引力，一般來說，它也不會吸引大家去做，
我們還是要記住，家事是我們得做的事，也是所有人都必須要做的事。

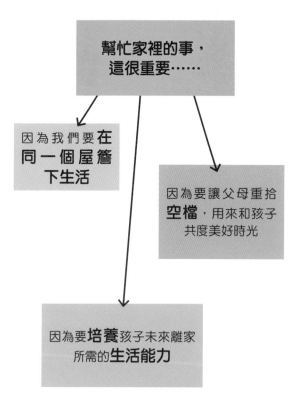

幫忙家裡的事，
這很重要……

因為我們要在
同一個屋簷
下生活

因為要讓父母重拾
空檔，用來和孩子
共度美好時光

因為要**培養**孩子未來離家
所需的**生活能力**

孩子不會真正注意到家裡該做的事，
所以我們要幫助孩子了解家裡有哪些事情要做！我們不妨在家裡花點時間……

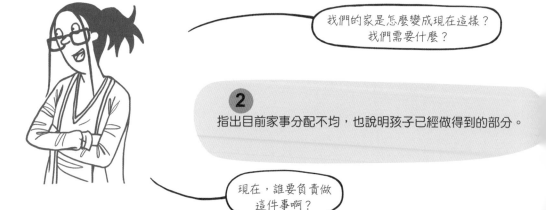

1 列出為了維持一個像樣的家，我們必須完成的
每件事。

我們的家是怎麼變成現在這樣？
我們需要什麼？

2
指出目前家事分配不均，也說明孩子已經做得到的部分。

現在，誰要負責做
這件事啊？

3 全家人一起考慮家事分配，讓它比較公平。

未來這份協議，會使我們想起自己該做的家事，而不會使我們為了做家事疲憊不堪。

在孩子會固定做家事，也能將做家事的習慣徹底融入生活之前，
我們應該要有耐心，也必須願意年復一年，再次要求孩子記得幫忙做家事。

我們只好威脅孩子，
即使我們實際上不會那麼做……

我們必須降低要求，藉此減少爭執，同時集中心思在最重要的事情上：

1 房間必須可以讓人走動。它應該是孩子玩耍的場所，卻也是大家過日子的地方。

首先，我們必須和孩子一起決定該如何整理房間：

2 每樣東西都一定要有自己的位置。

別忘了：

孩子能自己整理房間，需要好幾年的時間。

每個孩子認為房間是否需要整理，觀點的差異很大。

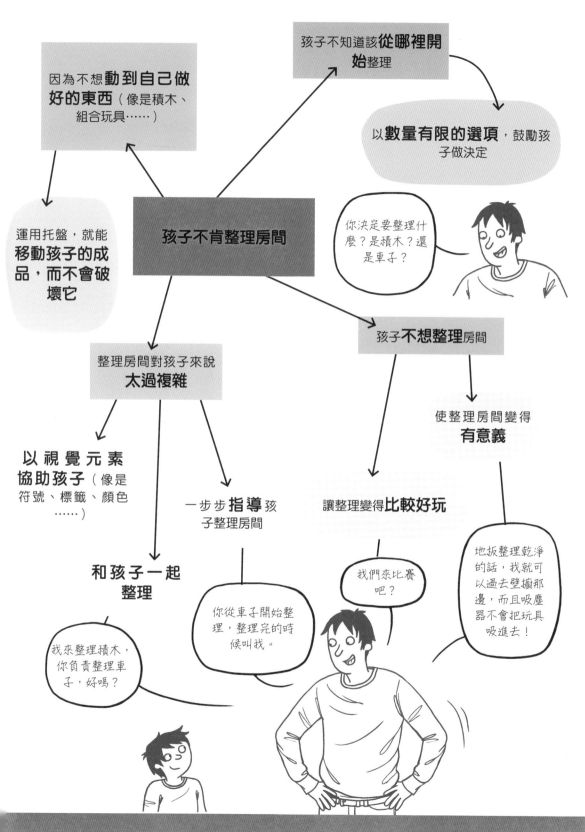

因為不想**動到自己做好的東西**（像是積木、組合玩具……）

孩子不知道該**從哪裡開始**整理

以**數量有限的選項**，鼓勵孩子做決定

運用托盤，就能**移動孩子的成品，而不會破壞它**

孩子不肯整理房間

你決定要整理什麼？是積木？還是車子？

整理房間對孩子來說**太過複雜**

孩子**不想整理**房間

使整理房間變得**有意義**

以視覺元素協助孩子（像是符號、標籤、顏色……）

一步步**指導**孩子整理房間

讓整理變得**比較好玩**

和孩子一起整理

地板整理乾淨的話，我就可以過去壁櫥那邊，而且吸塵器不會把玩具吸進去！

我們來比賽吧？

你從車子開始整理，整理完的時候叫我。

我來整理積木，你負責整理車子，好嗎？

我們只能任由時間飛逝……

最後氣瘋的是我們……

我們得試著了解，為什麼孩子會拖拉[3]。

想到要做功課，我們的孩子就會一副想拖延的樣子。
所以這時候，他腦子裡出現的想法，不見得都是最好的念頭！

所以我們的任務是：

讓孩子安心

支持孩子

陪伴孩子

3　原書註：注意，拖拉不是負面意思，而是指一件事其實現在就可以做，卻稍後才開始動手！

1 **給孩子安全感**
設定孩子能自由選擇的範圍，就能留下**空間**，讓孩子有選擇餘地。

> 功課都要在晚上七點鐘前做完喔！

> 你可以自己決定，要在下午吃點心（或洗澡等）之前或之後寫功課！

> 你可以自己選擇要在哪裡寫功課，是在房間裡，或是要在廚房寫……

> 怎麼做對你來說，會比較好呢？

2 幫助孩子**面對**他感到憂慮的事，設法**引導**他。

> 我該怎麼做，才能幫你呢？

> 你需要什麼？

> 有什麼嚇到你了？

> 你也許可以從某某開始寫呢？

> 你比較喜歡從簡單的開始寫？還是從困難的開始？

3 讓寫功課的**過程**變得容易。

（對年紀比較小的孩子來說）用玩具讓孩子安心，或者藉由玩具轉變孩子的態度。

描繪做完功課的情景，藉此鼓勵孩子。

> 如果你想，你可以帶著你的絕地武士寫功課，讓原力與你同在！

> 寫完功課，你就可以……

只是設法讓孩子寫功課還不夠，
應該要更進一步，讓孩子無論如何都要寫作業！
不能只是威脅孩子，或反覆對孩子說同樣的話，
這麼做毫無效率……

什麼?!你從剛剛到現在，只寫了這樣而已？

如果你不寫功課，之後你就不能看卡通，這樣清楚了嗎?!

4　原書註：這是預備用在已經上小學的孩子身上。還在讀幼兒園的孩子，只要玩樂就好！

……況且這麼做有時還是會失效
（當我們搞砸這件事的時候，不過這種狀況很少發生……）

孩子不肯寫作業有無數原因。我們先說明其中的某些因素，
因為它們，寫功課這件事，變成孩子無比難熬的一段時間。

寫作業對孩子來說
很痛苦

寫作業讓孩子覺得自己
很差勁

我好笨，我寫不出來！

孩子沒興趣寫作業
像是作業不有趣，或對孩
子來說，作業太過容易

不要啦——
我不要寫功課！

孩子經鑑定或未經鑑定，有
學習障礙（像是語言學
習障礙、注意力不足過動症
等等）

**孩子沒有心力
繼續寫作業**
像是他心情不好、腦力
不足、體力欠佳

在這種情況下，我們何不⋯⋯

⋯⋯運用孩子的才能來解決問題

看到你乒乓球打得很準，這
讓我覺得你寫作文的時候，
也可以表達得同樣準確。

你把房間整理得很好，那麼你
一定也可以在腦袋裡，把這些
類別都整理好。

我注意到你的法文
詞彙已經增加得非
常豐富，所以你在
英文上，肯定也能
做到同樣的事。

**⋯⋯藉由運動，幫孩子
集中精神**

讓孩子在跳跳床上背
誦課文，或者讓孩子
一面背誦課文，一面
爬樓梯或跳繩

開始寫作業前，
讓孩子先練習做
大腦體操5

讓孩子在椅子
上動動身體

讓孩子坐在瑜伽球上，
也可以給孩子握力球或
者麵團，讓孩子揉捏

做交叉動作，每邊做四到五次。

5　譯註：大腦體操（Brain Gym）是在一九七〇年代，由保羅・丹尼生（Paul E. Dennison）和姬兒・丹尼生（Gail E. Dennison）
　　根據神經科學發展出來的一套體操。它包括二十六個動作，藉此改善孩童的學習能力。

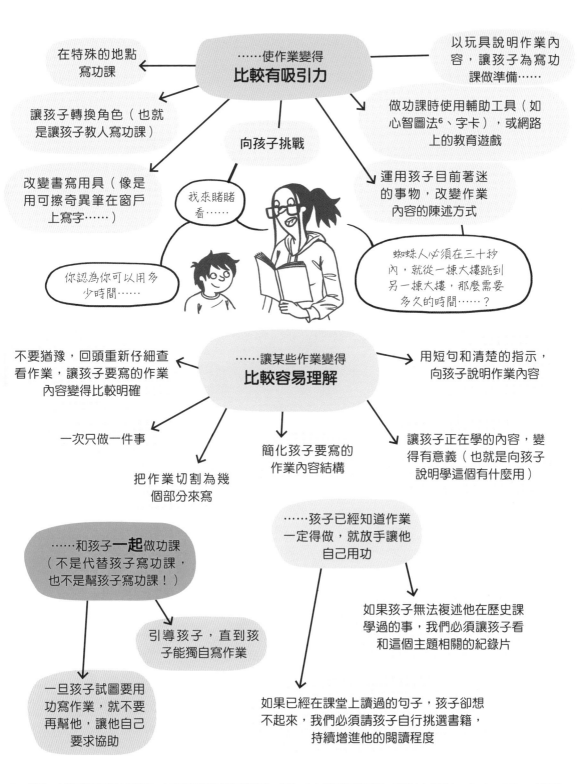

6　譯註：心智圖法是認知心理學在一九五〇年代開始發展的概念，後於一九七〇年代蓬勃成長。它藉由心智圖（carte heuristique）這項輔助思考工具，組織與表現出腦中浮現的種種訊息。

我們的晚間時光，
只好在緊繃惱怒和最後通牒中度過……

我們要試圖了解孩子睡不著的原因。

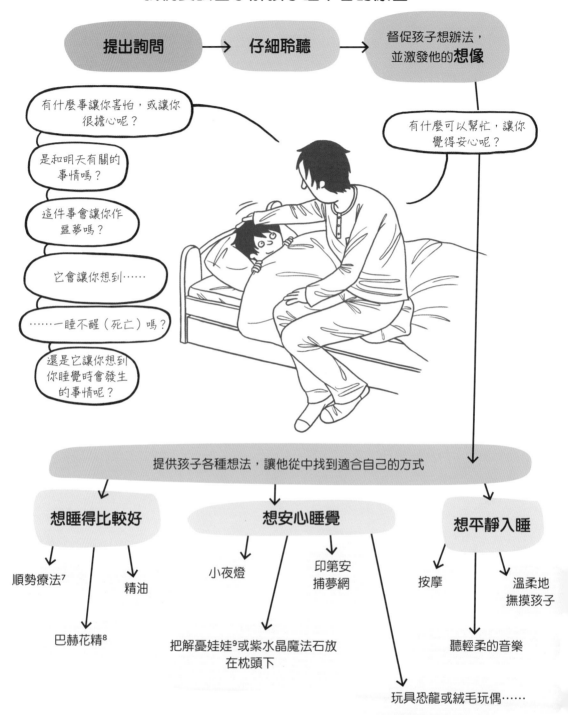

提出詢問 → 仔細聆聽 → 督促孩子想辦法，並激發他的**想像**

有什麼事讓你害怕，或讓你很擔心呢？

是和明天有關的事情嗎？

這件事會讓你作惡夢嗎？

它會讓你想到……

……一睡不醒（死亡）嗎？

還是它讓你想到你睡覺時會發生的事情呢？

有什麼可以幫忙，讓你覺得安心呢？

提供孩子各種想法，讓他從中找到適合自己的方式

想睡得比較好

順勢療法[7]　精油

巴赫花精[8]

想安心睡覺

小夜燈　印第安捕夢網

把解憂娃娃[9]或紫水晶魔法石放在枕頭下

想平靜入睡

按摩　溫柔地撫摸孩子

聽輕柔的音樂

玩具恐龍或絨毛玩偶……

7 　譯註：順勢療法（homéopathie）是十八世紀由德國醫師山姆・赫尼曼（Samuel Hahnemann）創立。這種醫療方式的基本法則是以同治同，也就是如果有某種物質會引起人體某種症狀，稀釋這種物質讓病患服用，就能治癒。

孩子入睡的程序是否妥當，我們必須確認。

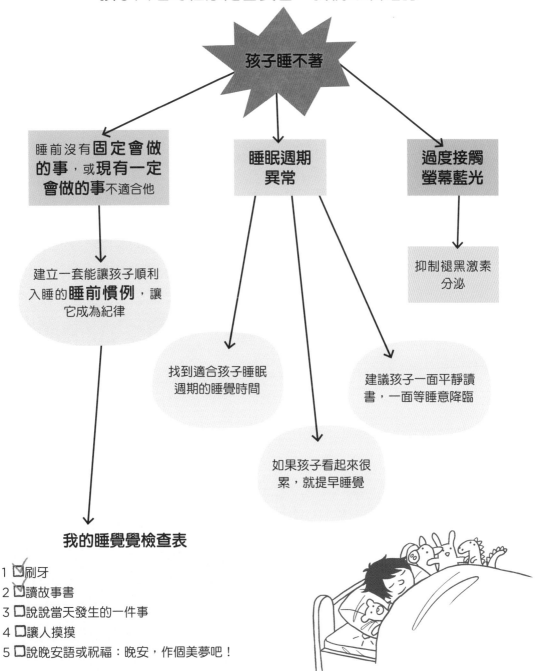

孩子睡不著

睡前沒有**固定會做的事**，或**現有一定會做的事**不適合他

睡眠週期異常

過度接觸螢幕藍光

建立一套能讓孩子順利入睡的**睡前慣例**，讓它成為紀律

找到適合孩子睡眠週期的睡覺時間

如果孩子看起來很累，就提早睡覺

建議孩子一面平靜讀書，一面等睡意降臨

抑制褪黑激素分泌

我的睡覺覺檢查表

1 ☑刷牙
2 ☑讀故事書
3 ☐說說當天發生的一件事
4 ☐讓人摸摸
5 ☐說晚安語或祝福：晚安，作個美夢吧！

8　譯註：巴赫花精（fleurs de Bach）是英國順勢療法醫師愛德華‧巴赫（Edward Bach）在一九二八到一九三六年間研發，他相信每一種負面情緒，都會和一種植物相互對應，所以花精能協助平復心靈。

9　譯註：根據瓜地馬拉傳說，睡前向一個瓜地馬拉解憂娃娃（poupée tracas du Guatemala）訴說憂慮的事，然後將娃娃放在自己的枕頭下或床頭下，就會保護你不受噩夢侵擾，而且隔天早上，憂慮就會消失無蹤。

孩子突然鬧脾氣時，我們只能滿臉通紅……

或輪到我們發飆⋯⋯

我們得試圖分辨，哪些因素可能造成孩子鬧脾氣……

哎，外面很冷，我要他穿上外套，他卻開始鬧脾氣，這時你們認定其中肯定有什麼原因。

不要啦——，又不會冷！

同時對自己提出以下的問題：

孩子為什麼無法自律？

孩子已經**累垮**

挫折感
太過強烈

孩子感染了**爸媽的緊張**
（像是爸媽由於工作、夫妻關係，或是覺得很累，導致心情緊繃，使孩子受到影響）

他**認為自己**很糟

先前還沒擺脫、或沒能說出來的事，使孩子**情緒激動**

我好爛！

孩子的身體無法忍受
（像是在博物館、搭乘交通工具時，以及在候診室裡……）

我不知道你為什麼對我發這個脾氣！

我們**沒有提前通知**孩子，就迅速作出決定

孩子認為這麼做**不公平**
（某些孩子的正義感特別強烈）

不要再看了，我是說電視……，來，關掉電視！

某件事對我們來說很無聊，對孩子來說，卻可能**非常重要**
（孩子會因為沒有獲得了解而沮喪）

我們**改變**孩子**平常玩樂**的時間或**日常作息**，卻沒有向他說明原因，也沒有事先告訴他

算了啦，這是抓傷，一點關係都沒有啊！

好，總而言之，你現在就去洗澡！

10　譯註：鏡像神經元（neurone miroir）是一種腦部神經元，指動物從事某項行為，和觀察到其他個體也從事同樣的行為時，會出現的腦部神經元。這種神經元使我們能理解別人的舉動和意圖，也讓我們能彼此溝通。

根據神經科學，人在**情緒激動**時會發**脾氣**
—— 因為我們的**腦袋**真的會**斷線**，
而我們平常所說的話也足以證明：

我們壓抑不住情緒時，腦部下層（古皮層和大腦邊緣系統）的反應，會比腦部上層（新皮質）更快出現，而且這時候出現的反應，也會比較直覺。這種情形會阻止新皮質產生作用，使我們無法再針對事情合理推論，也不能把自己拉遠一點，聆聽他人觀點……。所以，我們會直接以自己的情緒來面對事情。

新皮質負責分析（包括智力、語言、創造力、聯想。）

大腦邊緣系統掌管情緒和記憶（獲得感知的最初階段）

古皮層負責原始本能（直覺反應，如逃避、開心、害怕、發火。）

腦部上層

腦部下層

斷線

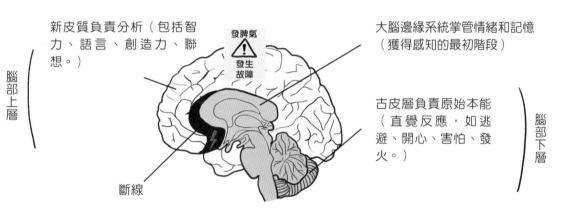

鏡像神經元[10]賦予我們彼此模仿的能力。我們會有這種神經元，是為了要讓我們透過模擬他人，使一切都能圓滿落幕。儘管在我們獲得感知的最初階段，這些神經元非常有用，但我們情緒發作時，它們也會對我們惡作劇。

當腦部上下層無法連結，大腦就會失去作用……所以當我們一面發脾氣，一面與人交涉或者爭論，這時試圖向大腦求助，將會毫無用處。那麼，我們能怎麼做呢？

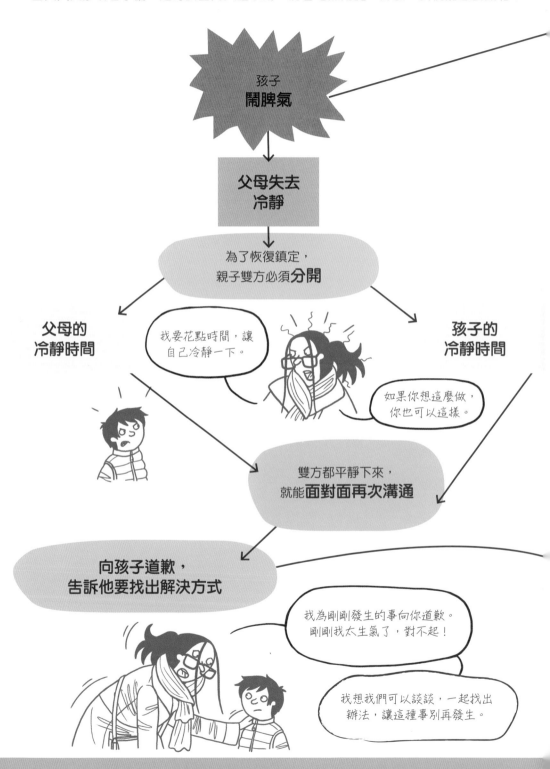

父母沒有
失去冷靜 → 幫孩子恢復鎮定，
雙方重新交流 在家裡：
和孩子一起選一個
地方，讓孩子去那
裡冷靜下來

在外面：
依孩子的需要，和事情發生的背景，
選擇最好的解決方式：
- 以雙臂環抱孩子，讓他不再哭鬧。
- 將孩子留在一個角落，讓他冷靜兩分鐘，在這
  段時間我們都要留在他身邊，甚至要和他稍微
  保持身體接觸（例如把手放在孩子肩膀上）

孩子已經能重新和我
們溝通時，要接納並
確認他的情緒

我看得出來，你很
生氣，也很難過，
還很激動……

父母不了解孩子為何哭鬧，
就和他一起找出事情發生的原因

父母了解孩子為何哭鬧，
向他說明原因

在學校出了什麼事嗎？

我讓你不高興嗎？

你會熱嗎？還
是你很累？

……我懂你的感覺，

那很難受，也會讓人很煩。

我也一樣，在店裡的
時候，我也覺得很熱。

面對孩子的情緒或者
失望等等，以容忍或
疏導來鼓勵他

發脾氣成為一種
學習的機會

如果我們用這種方式應付孩子平日鬧脾氣的狀況，
將會有什麼樣的效果呢？

聽到不行，他就胡鬧

我們必須記得，孩子無時無刻都在尋找使自己快樂的事物。
我們也別忘記，孩子得經由時間磨練，才有承受失落的能耐。
而且，每個孩子聽到別人對自己說不行，反應都不會相同[11]。

面對孩子的反應，如果我們堅決說不，
使我們成為阻礙孩子行動的絆腳石，就會使孩子鬧脾氣。

11　原書註：對於有注意力不足過動症的孩子來說，由於他們腦部的前額葉皮質發展尚未成熟，尤其是其中一種用來抗拒誘惑，人稱抑制反應（inhibition）的重要功能，發展得還不夠完善，這會造成進入孩子腦部的訊息與原訊息之間產生衝突。

透過這三種方式，我們很容易就能讓自己和孩子脫離這樣的僵局：

1 接納孩子的不愉快。

> 你很想去你好朋友家。

2 提醒孩子目前的狀況。

> 但我們沒有時間，所以這次不能讓你去。

3 向孩子表示這件事未來有可能發生，而且千萬別省略這個神奇的短句：

> 你只是現在不能去而已！

> 我們一起來看看，以後你什麼時候有可能去他家。

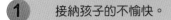

在某些情況下，我們也能這麼做來達到效果：

> 你現在很想吃巧克力。

> 可是我們很快就要吃飯了，現在不是吃巧克力的時候。

> 你可以吃過午餐後，再吃一塊巧克力。

> 這個玩具是送你朋友的生日禮物。

> 同樣的玩具，你也很想要一個。

> 如果你一直都很想要的話，等你過生日的時候，就可能會得到這個玩具。

> 你想要像你朋友一樣，在房間裡有台電視。

> 只要你還住我們家，這件事就不可能發生。

> 等你以後住在你自己的大房子裡，你就可以決定你要這麼做。

我們要記得，生氣的情緒是人體的生理反應。

有些孩子發火時，全身上下會有一股衝動，而且這時的衝動還會特別激烈。
這一股力量，有可能在過程中摧毀一切。

不會吧，
怎麼可能！

身為成年人的我們在孩子發脾氣時，
如果以暴力手段壓制他們，
會使得家人之間變成用情緒爆發的方式來溝通。

我們小時候經歷的情境，都保留在我們腦中儲存情緒記憶的地方（大腦邊緣系統），
面臨壓力時，這些記憶就會如自動駕駛般掌控我們，使我們失去平衡。

好消息是，這些記憶雖然使我們容易激動，這種情況也會反覆發生，
我們卻可以消除它們對我們的影響。長期練習這麼做，
無論是對我們自己、對我們的孩子，以及對家裡的氣氛、對外界等等，都有好處。

我們的目標，是要讓孩子學會以種種方式來接納自己的情緒，
無論是憤怒或是失望。讓我們看看該怎麼做：

1 允許他表達自己的**怒氣**。

同時用自己的身體圍住孩子，
來抑制他排山倒海而來的情
緒，也讓他不再覺得自己身體的
反應受到限制⋯⋯

寶貝你放心，呼吸
一下，這種情緒你
受得了！

⋯⋯或者，如果當時他難以忍
受身體接觸或肢體碰觸的話，
就完全不要碰他。

2 讓孩子選擇一個合適的角落，使他自己在那裡慢慢鎮定下來，同時用一項
或好幾項物品，幫助他冷靜，讓他在徹底安心的狀況下，容易**清除心裡的怒氣**。

拳擊球或出氣娃娃，
都能承受痛打。

軟墊或者床墊，
都能讓整個人陷在裡面。

出氣球能讓人用手或腳，
以全身上下的力量射球。

髒話：
・可以講髒話，但只能在廁所裡講，或對著一個
　附有瓶塞的瓶子裡講。
・可以學著用現已存在的好笑詞彙（囉唆的老傢
　伙、哇塞……），來代替原本想說的髒話，或
　者大家（心情好的晚上在家裡）一起發明其他
　用語，藉此代替髒話。
・可以公開指定髒話時間，也就是心裡想說的所
　有髒話，都要在一分鐘內全部說完，接下來的
　一整天，就完全不能再講髒話。

孩子愈能接納自己的情緒，未來他的情緒就比較不會泛濫成災，也不會再顯得那麼強烈。到最
後，孩子可能會因為長大，慢慢能夠理解自己為何生氣，同時也已經有發怒的經驗，使他能辨識
出怒火上升這種情緒，他就能度過發怒，卻不會再造成任何損傷。

3 如果需要的話，同意他彌補過失，以免他貶低自己，也避免讓他面對
沒有管好自己，讓自己不會發怒這個難題時，覺得自己有罪惡感。

打破的小飾品可以修好。

受到言語傷害的人，會接受對方向自己道歉，同
時也會寬恕對方。

即使東西修復之後，仍會
留下受損修補的痕跡，我們
心裡的感覺，還是會比先前
來得好。

剛剛發脾氣，
我很抱歉！

為人父母的我們，不是天生就能大方地請孩子原諒自己，畢竟我們年紀小的時候，
不是**每個人**都學過這樣做！我們以身作則，主動做到這一點，這真的很值得！

＊　原書編按：法國兒少繪本作者蜜黑耶・達隆瑟（Mireille d'Allancé）的《生氣的紅魔怪：協助孩子學習情緒管理，不再是壞脾氣的小
霸王！》，是為幼童創作的一本小書。這本書相當充分地敘述了這種火山爆發似的情緒。我們平常描述人氣得暴跳如雷，這種失常表
現也是由此而來。

我們必須記住，超級市場能在感官層面上滿足孩子
（那裡聽得到聲音，而且有燈光、聞得到氣味，還有很多人和大量物品刺激我們購物），
可是這個地方也會引發孩子大哭大鬧。

如果我們向孩子屈服（快點走過去滅火），
我們很可能教導孩子學會：
只要哭鬧，就會得到我要的東西。

我們得花點時間，開始用其他方式處理孩子哭鬧：

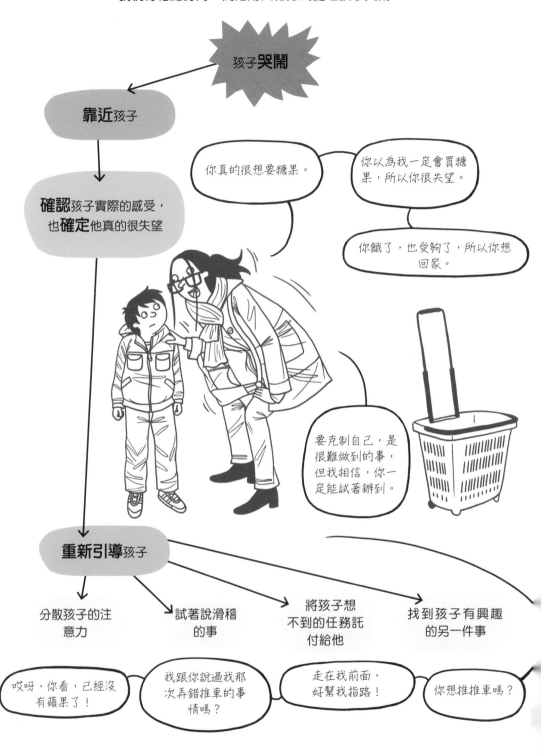

孩子**哭鬧**

靠近孩子

確認孩子實際的感受，
也**確定**他真的很失望

你真的很想要糖果。

你以為我一定會買糖果，所以你很失望。

你餓了，也受夠了，所以你想回家。

要克制自己，是很難做到的事，但我相信，你一定能試著辦到。

重新引導孩子

分散孩子的注意力

試著說滑稽的事

將孩子想不到的任務託付給他

找到孩子有興趣的另一件事

哎呀，你看，已經沒有蘋果了！

我跟你說過我那次弄錯推車的事情嗎？

走在我前面，好幫我指路！

你想推推車嗎？

為了準備與孩子互助合作，
使我們用不同的方式面對孩子在商店哭鬧，我們必須及早這麼做：

1 和孩子一起找出可能有幫助的處理方式

是不是有什麼東西，可以讓你不會在店裡哭鬧呢？

帶我在家裡玩的小玩具出門！

2 決定處理原則

我們要怎麼做，才能讓這件事順利進行呢？

趕快買完就好！

如果這樣你就不會哭鬧，我們就盡快買完。

3 達成小小的協議

我保證在四十五分鐘內買完東西，而你，你得保證在這段時間不哭不鬧。

4 交付責任

買東西的時候，你也許可以……

當推車駕駛員！ 或 當負責人，保證我們買齊清單上的每項東西！ 或 當頭頭，管理推車裡的貨物！ 或 當警衛，檢查我們還有多久可以買東西！

他在餐廳胡鬧

我們必須記得，成人適合去餐廳，
但孩子未必適合（尤其是年齡比較低的孩子）。
對孩子來說，餐廳就是要等，也代表他在那裡不准亂動。

如果沒有考慮到孩子的生理需求，
我們就得承受孩子暴走的風險。

12　譯註：填字遊戲（Petit Bac）正式名稱為Jeu du baccalauréat，是一種多人參與的文字益智遊戲。參賽者必須先共同選定詞彙類別（如城市名稱、顏色等等），並在限定的時間內，寫出某個類別中以某個字母開頭的單字。

我們最重要的應對措施，是請孩子帶著能讓他專心，又不會打擾別人的東西
（像是書、著色畫、公仔……）。但如果去餐廳前沒有任何準備，或即使現場用了這些訣竅，
卻仍不足以應付局面，孩子已經出現煩躁跡象，那麼我們不妨採取下列方式：

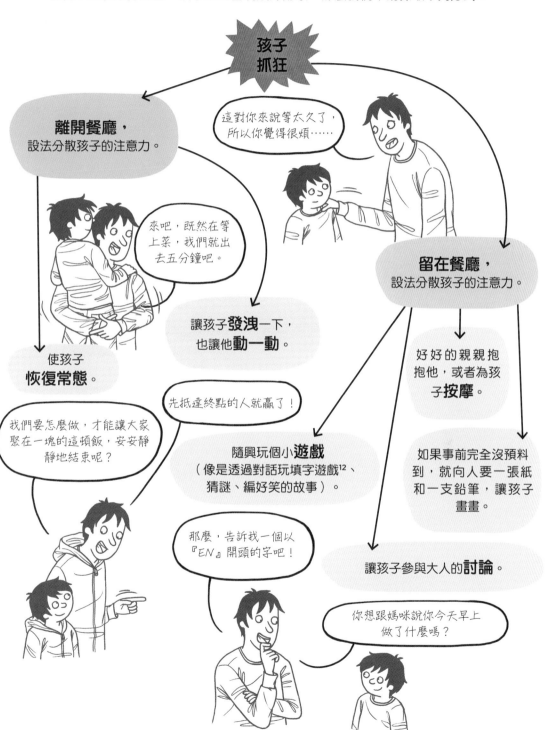

我們務必記住，接觸3C產品會使人嚴重上癮。
當我們試圖要孩子離開他正在使用的3C產品，自己卻失去耐心，我們在暴怒中會完全變了個人，
而當我們祭出的手段講求速戰速決，這也會使孩子變得蠻不講理。

話雖如此，以我們自己來說，儘管我們已經成年，3C產品它包含豐富資源、
又常常令人心滿意足，我們的使用狀態是不是始終都合情合理呢？
恐怕我們也不是一直都做得到吧……
因此，如果我們在乎這個問題，最重要的是在教導孩子妥當使用3C產品時，
也要調整自己使用3C產品的態度，使自己盡可能言行一致。

我們也必須承認，智慧型手機功能豐富，是真正的瑞士刀，
這一點會讓我們不只把它當作電話用來通話。

遊戲　　　天氣
電子郵件　　　　　　　　　　　　　相機、攝影機、影片播放器、電視……
百科全書、字典、翻譯工具　　　　　　音樂
新聞　　　　　　　　　　　　　　　社群網站，用來和朋友交流，
計算機　　　　　　　　　　　　　　以及（或者）為了工作與人聯繫。
閱讀食譜、園藝和居家修繕改造　　　　錄音機、記事本、
類書籍，以及報紙、雜誌……　　　　　行事曆、檔案……
視訊通話　　　　　　　　　　　　　鬧鐘、定時器、碼表
　　　　　　　　　　　　　　　　　GPS定位、地圖
　　　　　　　　　　　　　　　　　銀行、購物

況且我們也使用智慧型手機來工作，這會讓孩子有時難以了解，父母在手機螢幕前究竟
做了哪些事。我們除了不應該放縱自己，讓自己為了工作就理直氣壯滑手機，
我們也應該要負起責任，向孩子說明這種情況！

我很希望我可以不要
那麼常用手機。

可是為了工作，
我需要用手機。

我們不希望自己的孩子過度使用3C產品，有時卻想把孩子留給3C產品一段時間，
好讓我們享有片刻寧靜，對於這種矛盾心態，我們也要有所意識。

你還待在電視
前面啊？

立刻給我
關掉！

才不要咧，
媽說我可以看！

是啊，我管不了
這件事！

他今天早上在我修東西
時，已經看了兩小時！

總之，如果我們相信孩子面臨的誘惑，對他目前所處的階段過於強烈，
我們就應該要幫助孩子！

我們都認為自己應該能掌握我們所用的工具……，而不是反過來，讓工具控制我們。
在孩子能充分獨立，也能夠完全自主之前，我們應該陪著他們……，
這麼做可能會需要花些時間！

1 固定讓孩子在一段時間內使用3C產品，
而且要孩子遵守時間限制[13]

……雖然我們也得完全接受，孩子使用3C產品的時間，可能永遠都會超過約定時限，但如果我們已經明確限定孩子使用3C產品的時間，我們提醒孩子的態度就能比較堅決，我們所說的話也會比較有力。規定孩子使用3C產品的時間上限，是教導孩子適度使用3C產品時，我們唯一足以依靠的界限，這種限制可使孩子了解，他可以自由使用3C產品的合理範圍。

> 我們不是講好了嗎？你有權在星期三、星期六，還有星期天，用一小時3C產品……

> 到時候你可以在平板電腦、電視、電腦，和電子遊樂器中，選擇你想用的東西。

> 對呀，這實在太棒了！

2 別打擾孩子
（除非有緊急狀況）

孩子在約定的時間內使用3C產品時（遵守時間對親子雙方都有意義）。

3 在約定的時間結束前
幾分鐘，預先通知孩子

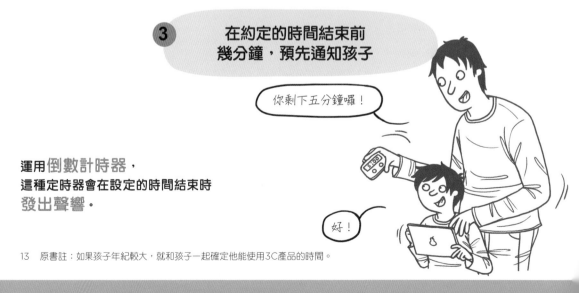

> 你剩下五分鐘囉！

運用 倒數計時器，
這種定時器會在設定的時間結束時
發出聲響。

> 好！

13　原書註：如果孩子年紀較大，就和孩子一起確定他能使用3C產品的時間。

如果要孩子停止使用，他卻無論如何都很沮喪……

4 仔細聽孩子說他遇到的困難

> 你很想繼續用這個，沒辦法立刻就停下來，我有時也會這樣……

> 吼！

別忘記，即使堅持立場，我們還是可以看情形，用一點靈活柔軟的手段。

> 你看電視的時間已經結束了，但我知道你的卡通會在三分鐘內結束。

> 所以我讓你看完卡通，而且我相信卡通結束時，你自己會關掉電視。

5 提出替代方案

（包括外出、運動、玩桌遊、一起讀書……）

> 你要來幫我做可麗餅嗎？

> 喔，好啊，不過是我來做可麗餅喔！

對於太沉迷3C產品的人，當他們遵守限時的約定，我們可以提議額外開放使用時間。
這麼做除了能加強他們的責任感，也能使他們更積極遵守時間限制。

有一種竅門，雖然是強制手法，卻能讓我們明確留意時間，也就是表現良好一次就能額外多使用3C產品一分鐘；我們可以在一個寬口瓶內裝進乾燥四季豆，用來計算這個額外時間。只有在孩子運用額外時間增加他玩3C產品的時間，和孩子另外以額外時間使用3C產品時，我們才能如此計時。

> 你已經賺到十分鐘了，你想要現在就玩掉，或者保留這十分鐘，讓自己下次能玩更久呢？

我們一定要記住，汽車是封閉空間，在這種地方，我們的舉動受限，也完全不可能逃走。
由於我們在車裡都忙著開車，有時甚至會很緊張，我們這時的反應都會比較粗魯，
孩子在這時候也可能很快就開始煩人。

為了讓自己擺脫孩子製造事端時，我們一開始會出現的反應，
像是打人、大吼大叫、威脅孩子……

……我們必須想到，孩子在車裡搗亂，是因爲搭車這段路令人不耐煩，
以這一點爲原則設想對策。

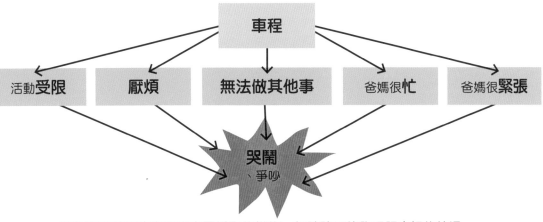

事先宣布接下來在路程中要採取的措施，好讓孩子能夠理解車裡的情況。

到時候，如果孩子突然哭鬧，我們只能堅守先前就宣布的事，
一句話也不說，等孩子自己冷靜下來。
（爲了加強這麼做的影響，我們甚至可以預備一本書來讀。）

如果是長途旅程，我們得事先爲這段車程準備些消遣活動（像是音樂、大家可以一起玩
或每個人自己玩的遊戲），也必須把3C產品保留在這段路程最後，才能讓孩子使用。

孩子覺得自己很遜，這種感覺從何而來呢？

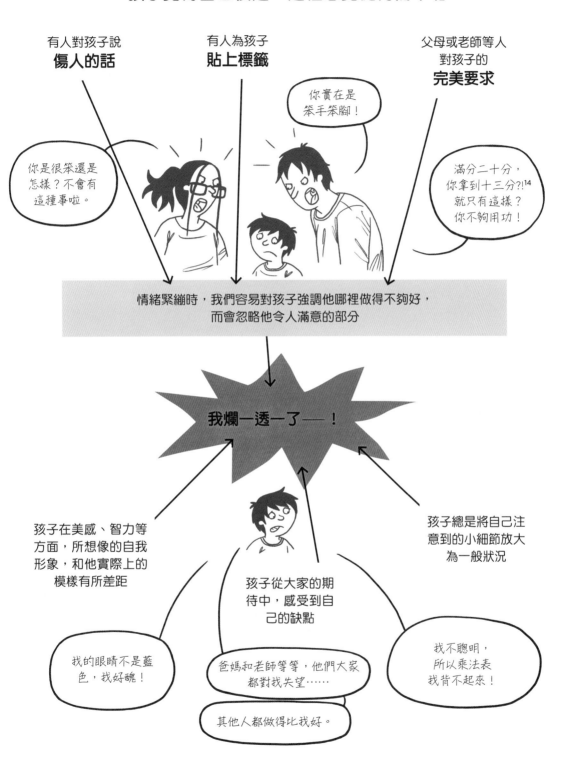

有人對孩子說**傷人的話**

有人為孩子**貼上標籤**

父母或老師等人對孩子的**完美要求**

你實在是笨手笨腳！

你是很笨還是怎樣？不會有這種事啦。

滿分二十分，你拿到十三分?!14 就只有這樣？你不夠用功！

情緒緊繃時，我們容易對孩子強調他哪裡做得不夠好，而會忽略他令人滿意的部分

我爛－透－了――！

孩子在美感、智力等方面，所想像的自我形象，和他實際上的模樣有所差距

孩子總是將自己注意到的小細節放大為一般狀況

孩子從大家的期待中，感受到自己的缺點

我的眼睛不是藍色，我好醜！

爸媽和老師等等，他們大家都對我失望……

我不聰明，所以乘法表我背不起來！

其他人都做得比我好。

當然不是這樣，這不是我們的錯！
當孩子對我們說：我好遜！
我們聽了不但會滿心煎熬，也會觸動我們的心，讓我們因為這樣的話而難受。

所以我們會自然而然設法讓這種話迅速消失，
而不是仔細聽孩子說他心裡相信的事。

如果孩子對我們說：我好遜！他是在表達他自己的沮喪。
此時去回應孩子他感到痛苦的地方，會使我們一下子就切斷孩子自我表達的需求。
所以先好好做個腹式呼吸之後，我們得試圖
稍微保留我們聽到這句話的感覺。

我們也必須轉身面向孩子，
以親子關係的力量撫慰他，不是用回應問題的效力來面對他。

也同時要有相應的肢體語言，
包括手放在孩子肩膀上、親親
他、摸摸他……

事情沒那麼簡單，而且我們對於孩子覺得自己很遜，還是有一小部分責任。

在家裡、學校，和戶外活動中負責教育孩子的成人，每天都會在無意間對孩子說一些話，
讓孩子因此覺得自己很糟，甚至他們還會故意對孩子說這種話。當孩子聽到這些話，
他們會自己串起它們，也會把它們記在心裡，彷彿他們身上戴著那些話串成的珍珠項鍊，
藉此認同自己是什麼樣的人。

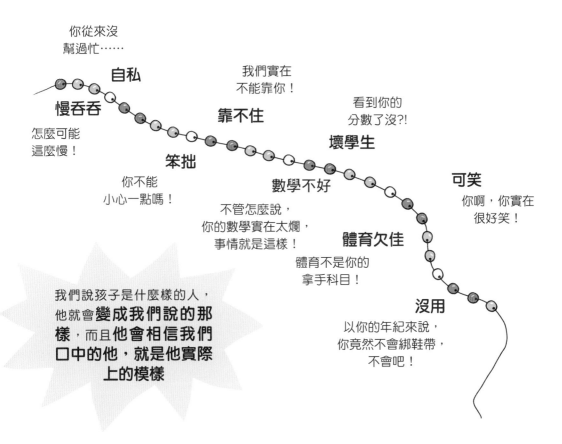

你從來沒
幫過忙……

自私

慢吞吞

怎麼可能
這麼慢！

我們實在
不能靠你！

靠不住

看到你的
分數了沒?!

壞學生

笨拙

你不能
小心一點嗎！

數學不好

不管怎麼說，
你的數學實在太爛，
事情就是這樣！

可笑

你啊，你實在
很好笑！

體育欠佳

體育不是你的
拿手科目！

沒用

以你的年紀來說，
你竟然不會綁鞋帶，
不會吧！

我們說孩子是什麼樣的人，
他就會**變成我們說的那
樣**，而且**他會相信我們
口中的他，就是他實際
上的模樣**

某些孩子最後會將外界對自己的評語，都當成是耳邊風，
其他孩子聽到批評，則會以為自己真是那樣。

即使我們沒有說出貶損孩子的話，對孩子的要求與擔憂，
也都會導致我們指出孩子做得不好的地方，而不是指出他做得好的。

這一切都會使我們偏離目標，讓我們距離那股能幫孩子的力量愈來愈遠。

所以這項功課我們每天都一定要做，而且要長期做……

意識到說出的話會令人沮喪，而且漸漸讓自己不要再這樣說話
（這類措辭是習慣使然，我們得學著讓它們不再出現）這麼做需要時間……，
有耐心和恆心的話，未來你就能適應這種說話方式！

將注意力都集中在孩子做得好的部分
（即使那個部分很小），**盡量強調孩子值得肯定的地方**

學習其他表達方式，
同時向孩子展現出我們的
謝意和**鼓勵**

將否定孩子的批評，
改為**帶有好奇的
疑問**

練習把**批評自己**變成**善待
自己**，而且建議孩子也用同
樣的方式來對待自己

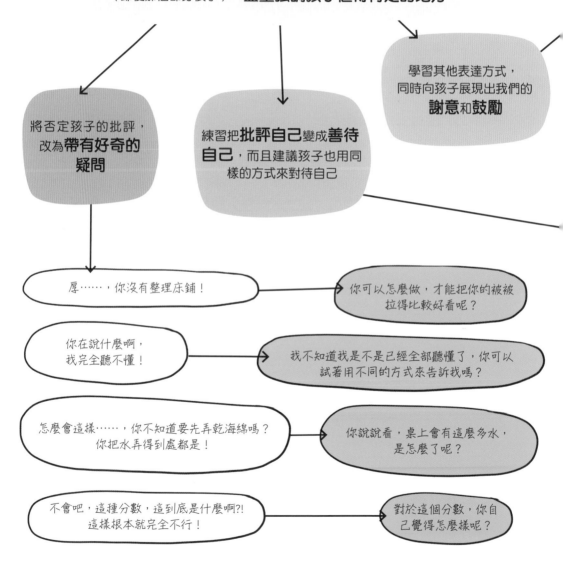

厚……，你沒有整理床鋪！

你可以怎麼做，才能把你的被被
拉得比較好看呢？

你在說什麼啊，
我完全聽不懂！

我不知道我是不是已經全部聽懂了，你可以
試著用不同的方式來告訴我嗎？

怎麼會這樣……，你不知道要先弄乾海綿嗎？
你把水弄得到處都是！

你說說看，桌上會有這麼多水，
是怎麼了呢？

不會吧，這種分數，這到底是什麼啊?!
這樣根本就完全不行！

對於這個分數，你自
己覺得怎麼樣呢？

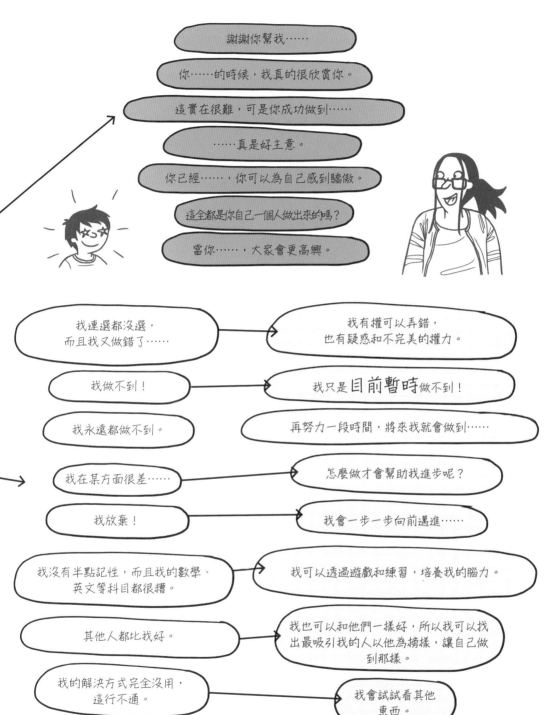

謝謝你幫我……

你……的時候，我真的很欣賞你。

這實在很難，可是你成功做到……

……真是好主意。

你已經……，你可以為自己感到驕傲。

這全都是你自己一個人做出來的嗎？

當你……，大家會更高興。

我連選都沒選，而且我又做錯了……　→　我有權可以弄錯，也有疑惑和不完美的權力。

我做不到！　→　我只是目前暫時做不到！

我永遠都做不到。　→　再努力一段時間，將來我就會做到……

我在某方面很差……　→　怎麼做才會幫助我進步呢？

我放棄！　→　我會一步一步向前邁進……

我沒有半點記性，而且我的數學、英文等科目都很糟。　→　我可以透過遊戲和練習，培養我的腦力。

其他人都比我好。　→　我也可以和他們一樣好，所以我可以找出最吸引我的人以他為榜樣，讓自己做到那樣。

我的解決方式完全沒用，這行不通。　→　我會試試看其他東西。

我不聰明。　→　人的智能有八種，我的是哪一種呢？

當孩子在學業上面臨難題，他很快就會覺得自己很遜、是壞學生，
將課業上遇到的困難歸咎於自己的智力，
也就是孩子把分數和老師評語很好等於聰明，分數和老師評語很糟就等於不聰明、很差勁。

15 譯註：在心理學理論中，執行功能（fonctions exécutives）是腦部認知歷程總稱。它會影響我們的計劃與決策能力，也能使我們集中注意力，同時抑制自己的衝動行為。

要幫助孩子，我們可以……

1 想想孩子在課業上遇到困難的原因。

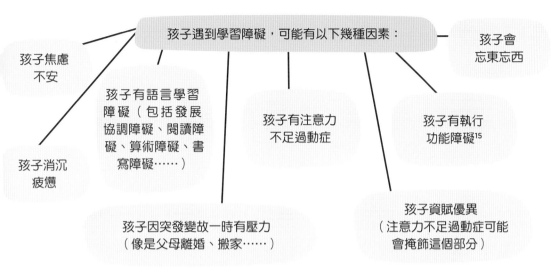

孩子遇到學習障礙，可能有以下幾種因素：

孩子焦慮不安

孩子有語言學習障礙（包括發展協調障礙、閱讀障礙、算術障礙、書寫障礙……）

孩子有注意力不足過動症

孩子有執行功能障礙[15]

孩子會忘東忘西

孩子消沉疲憊

孩子因突發變故一時有壓力（像是父母離婚、搬家……）

孩子資賦優異（注意力不足過動症可能會掩飾這個部分）

2 為了使孩子能運用自己的優勢，我們得幫助孩子，讓他能發現自己的智能。

根據美國發展心理學家霍華德・嘉納（Howard Gardner）提出的多元智能理論，
我們的智力由八種智能構成，而且其中某些智能發展得較好。

可是學校真正承認、也確實重視的智能，只有其中兩種。
如果孩子擁有的才智與能力不符合，他就會在學業上遇到困難，
也不會覺得他的智能受到認可。

你當然是聰明的孩子，只是算術對你來說比較難而已。

這就像愛因斯坦說的，『要求一條魚爬樹，那條魚一輩子都會認為自己是條蠢魚！』

我們來找找看你的智能是什麼吧！

讓我們看看人類智能包括哪些……

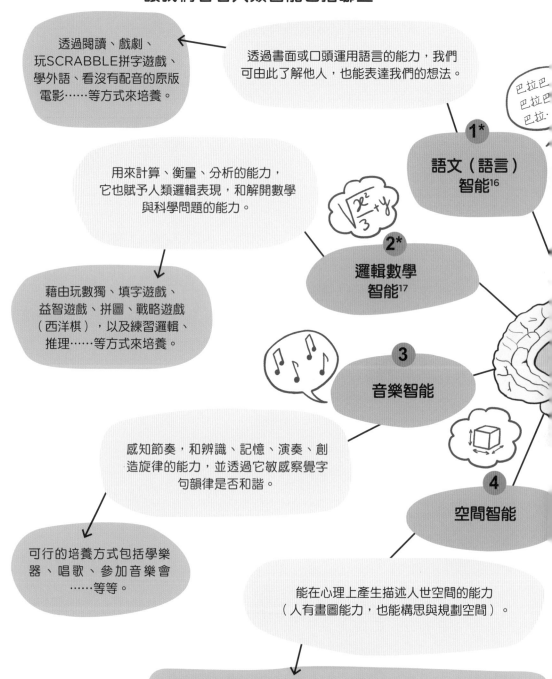

透過閱讀、戲劇、玩SCRABBLE拼字遊戲、學外語、看沒有配音的原版電影……等方式來培養。

透過書面或口頭運用語言的能力，我們可由此了解他人，也能表達我們的想法。

巴拉巴拉巴拉拉……

1*
語文（語言）智能[16]

用來計算、衡量、分析的能力，它也賦予人類邏輯表現，和解開數學與科學問題的能力。

$$\sqrt{\frac{x^2}{3}+y}$$

2*
邏輯數學智能[17]

藉由玩數獨、填字遊戲、益智遊戲、拼圖、戰略遊戲（西洋棋），以及練習邏輯、推理……等方式來培養。

3
音樂智能

感知節奏，和辨識、記憶、演奏、創造旋律的能力，並透過它敏感察覺字句韻律是否和諧。

4
空間智能

可行的培養方式包括學樂器、唱歌、參加音樂會……等等。

能在心理上產生描述人世空間的能力（人有畫圖能力，也能構思與規劃空間）。

可以經由畫畫、拍照、觀察，和看建築與地圖……等方式來培養。

16　原書註：我們最常運用的智能，而且它們在學校位置排在很前面，很受重視。

17　原書註：同註釋17。

人類認同自己的情感、分析自己的想法和舉止、接納自己的情緒、知道自己的力量與脆弱何在的能力。

可藉由寫日記、練習專注、做諧振式呼吸[18]、做瑜伽、和他人交換意見……等方式。

8

內省智能

以恰當的方式，做出與他人往來的行動和反應的能力，它讓我們能認同與同情他人，也能互助合作、寬容與適應他人，同時藉此解決人際關係問題。

7

人際（社交）智能

可以透過團隊計劃、團體運動……等方式來培養。

6

自然觀察智能

面對自然環境、動物、植物、礦物，能加以分類、辨認，和應用知識的能力。

5

身體動覺智能

經由園藝、在大自然漫步、在記事本和觀察本中記下觀測所得，或以戶外活動探索環境……等方式來培養。

運用肢體，向他人傳遞訊息或自我表達的能力，藉此我們還能活動身體，或做到肢體活動良好、妥善協調才能完成的事。

可以透過運動、跳舞、雜技、散步、演戲、做手工藝……等方式來培養。

我們不妨和孩子分享這份示意圖，好讓孩子找到屬於他的一種或數種智能，對自己的能力恢復信心。

8 譯註：諧振式呼吸（cohérence cardiaque）是一種呼吸方式，指一個人每分鐘吸氣與呼氣六次，持續不間斷做五分鐘，同時必須有意識地放鬆身體。除了能幫助人減少壓力，也能夠有效控制心律，而且能讓人變得更加專心。

當孩子想一步登天，這種情形反映出：
孩子還無法體會到進步是一步一步累積而來。

所以我們一定要向孩子說明，
進步的過程必然包含失敗、錯誤，和摸索……

1 **接受孩子的挫折，**讓他能脫離內心的情緒翻騰。

我看得出來，你很失望，跟我說吧。

你腦袋裡原先想畫的是什麼呢？

你覺得你的畫看起來怎麼樣？

也讓孩子能盡情傾訴。

嗯，事實上，我想畫的畫，裡面有這個那個……

好，我們也許可以說，你在腦子裡已經想像出要畫什麼，可是你的手拿起鉛筆，畫出來的卻不如你的想像那麼漂亮。

2 提供孩子一種觀點，讓他能以此來看待一個人的**進步過程。**

我們爬樓梯時，有可能從第一階跳到最後一階，而沒有經過中間的階梯嗎？

以前你學走路時，也不是一次就學會。當時你摔倒多少次，根本就數不清！

想想看有什麼運動，是第一次練習就能精通的運動……

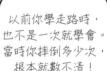

沒有這種運動啊！

3 **幫助孩子，**讓他別把注意到的細節**放大為普遍的狀況**（然後覺得我完全是個遜咖！）。

你不喜歡的那張畫，裡面畫了什麼？

這張畫看起來不太對，是不是因為你畫的那個傢伙，兩隻手臂長度不同？

而且整張畫都變漂亮了！

如果我們只修改這個小細節，不需要全部重畫，你認為你的畫看起來怎麼樣？

啊，沒錯，它現在變好了！

與其做了受挫，他寧可放棄不做

孩子要做一件事的時候，他可能會期待自己能非常高明。

在他人的注視下，孩子會變得非常容易受傷，
所以孩子事前就預料到，也想像到自己可能會受到的嘲諷或批評。
既然那些嘲弄或批評都很難搞，孩子就會寧可不做。

面對孩子逃避的舉動，我們可以：

1 確認孩子的感受，而且向孩子提出疑問，來了解他的感覺，
也更確定他的反應。

我看得出來，
你很不安……

你在想什麼呢？

你擔心的是
什麼呢？

2 分享我們在與孩子相同年紀時，**自己的親身經歷。**

我也是這樣。以前我騎腳踏車的
時候，很怕其他人認為我很遜……

我愈覺得我自己遜，
我就愈做不到。

3 向孩子伸出援手**鼓勵**他。

你記得嗎，那次你很怕……，
結果你成功做到了！

我該怎麼做才能幫你，
讓你不會怕呢？

在**日常生活**中，為了幫助孩子甩掉對失敗的恐懼，設法使他的失誤成為進步的歷程，
也讓他在其中有所學習，就成了我們的職責所在。

世界上各種發明，都是拜失誤之賜才會出現，
你知道嗎？像是青黴素、反轉蘋果塔、雪糕、
微波爐……等等，都是這樣。

我們不妨讓孩子 從錯誤中學習：

1 讓孩子**發現**自己
犯錯的**原因**。

2 讓孩子自己找
出解決方式。

在你看來，那時候
發生了什麼事呢？

在這種狀況下，你也許
可以做什麼呢？

3 幫孩子**從這次經驗中
學到教訓。**

4 **舉例**向孩子說明他應該學到的事
（要承認自己的錯，而且要告訴他，
我們自己現在也仍持續從經驗中學習）。

從這次的錯誤中，
你學到什麼呢？

孩子出現這種反應，我們偶爾會很難保持冷靜。
不過我們擔負長期陪伴孩子的職責，
一定會遇上需要處理孩子立即開始哭鬧的時候。

我們得試圖了解，在孩子輸不起這個難題背後，可能隱藏了什麼因素。

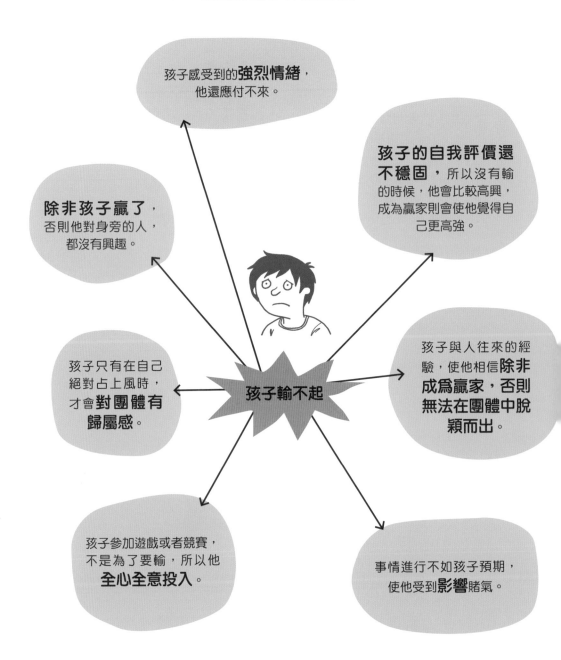

孩子感受到的**強烈情緒**，他還應付不來。

孩子的自我評價還**不穩固**，所以沒有輸的時候，他會比較高興，成為贏家則會使他覺得自己更高強。

除非孩子贏了，否則他對身旁的人，都沒有興趣。

孩子只有在自己絕對占上風時，才會**對團體有歸屬感**。

孩子輸不起

孩子與人往來的經驗，使他相信**除非成為贏家，否則無法在團體中脫穎而出**。

孩子參加遊戲或者競賽，不是為了要輸，所以他**全心全意投入**。

事情進行不如孩子預期，使他受到**影響**賭氣。

那麼，我們該如何協助孩子，
讓他能接受失敗，同時也幫助他成爲令人敬佩的贏家呢？

孩子輸的時候，**接納他的情緒**，也接受他有權利覺得沮喪。

> 我知道……，
> 輸了真的很難受……

孩子感到沮喪的時候，我們必須記得，孩子目前還無法應付如海嘯般襲向他的這股情緒，
所以他得透過我們協助，才能漸漸面對……

在孩子參加遊戲或競賽時，
我們都要為孩子培養**參加活動的樂趣**，從中找到滿足感，使他不至於只在自己最後成為贏家時，才會心滿意足。

無論孩子參與運動競賽或是玩桌遊時，對於孩子的學習與進步表示**鼓勵**。

> 哇喔！那次看起來好棒啊！

> 告訴我，你怎麼做到的？

> 你還記得去年夏天，你做這件事的表現如何？

> 稍微看看你上一次到現在的進步，這是我們先前一起努力的成果耶！

讓孩子接受失敗

使孩子成爲令人敬佩的贏家

幫助孩子了解網球、足球、柔道等運動競賽，都會依照比賽規則公平競爭，使他贏的時候，不至於**驕傲自滿、壓迫他人**。

別忘了**鏡像神經元**的作用：當我們玩遊戲或參加比賽，我們會觀察到輸家，也會觀察到贏家，此時鏡像神經元會在我們身上發揮效用。

> 這場比賽好棒！我們來握握手好嗎？

如果孩子在競賽或遊戲中具有優勢，為了使他**明白與人攜手合作**獲勝，會比**對抗他人**自己贏得勝利來得有趣，我們不妨建議孩子玩**合作型遊戲**。

當孩子認為自己非常差勁，對他來說，一切都變得沒有意義，
甚至連平常喜歡的事物，他都覺得不再有趣。
這時候的他，不但對自己灰心，對其他人失望，他也無法打起精神，面對眼前的狀況。

此時孩子心裡只相信：這麼做根本就行不通。

遇到孩子這種頑固表現，而且還顯得陰沉退縮，
我們會陷入困境。下列做法可幫助孩子恢復活力……

1 以確實存在，又不可動搖的事來**鼓勵**孩子，同時向他證明，
大家都對他有信心。

誒，你記得你不久之前，因為
爬到山頂很高興的事情嗎？

2 承認孩子為了做這件事，他必須付出的**努力**。

我同意，爬到那上面，真是要命，
要很有耐心才做得到。

3 向孩子**指出**一種或兩種方法，
讓他變得積極，也讓他期待未來的事。

假如我借你相機，讓你能拍照，
也能做個小小的報導，你覺得怎
麼樣呢？

而且這可能是很好的機會，讓我
可以跟你說個故事。

4 忍受孩子板著臉，令人很不愉快的一段時間，
直到這段時間過去（這種情形的終止，通常比我們先前想的方式
更為自然，也更加迅速）。

喂，我看到
土撥鼠了！

如果孩子在更多事情上都表現出這種態度（例如孩子想放棄一項活動、
不想再看到他的朋友，或孩子表達出來的欲望比較少等等），
我們就得加強鼓勵他（相關內容見八十八頁到八十九頁）。

要是這麼做還不能改變孩子，也許可以請專業人員協助他，
使他能依靠自己內心的精神泉源恢復活力。

遇上孩子說謊，我們很快就會把這件事當成是自己出了問題，
彷彿孩子說謊是在羞辱我們。
可是孩子會撒謊，最常見的理由，是孩子害怕使我們失望，
或者是他怕被罵。

想方設法了解孩子心裡的邏輯推論，就成了有趣的事：

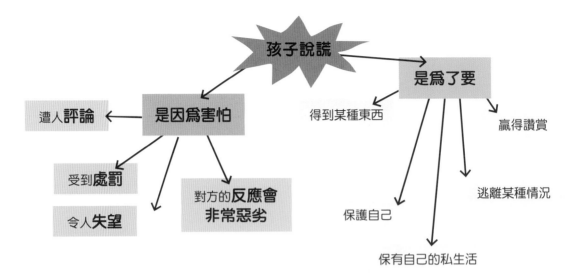

面對孩子的謊言，我們在回應之前必須做到：

1 我們必須讓情緒**傷透自己**，也一定要讓這些情緒過去……

以下這個小疑問，我們還是得提出來詢問自己：

這個謊是孩子仔細思考後
有意識說出來的話，或者孩子是
在表達他的信念？

有些孩子可能會透過騙人來扭曲事實，使眼前的狀況變成對自己有利，
但因其他孩子的記憶未必可靠，也可能只是選擇性記憶，
這會導致他們記得的事情經過不同，即使他們是真心誠意在敘述同一件事……。
要破解其間差異，不是簡單的事！

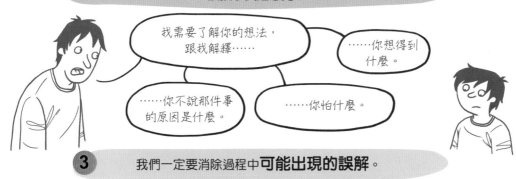

2 我們得和孩子談談，而且專心**提出疑問**，同時我們也必須讓孩子表達意見：

> 我需要了解你的想法，跟我解釋……

> ……你想得到什麼。

> ……你不說那件事的原因是什麼。

> ……你怕什麼。

3 我們一定要消除過程中**可能出現的誤解**。

某些孩子可能會對我們如何看待他們非常敏感。
他們的自我評價還不穩定，會把「我做了很糟的事」，和「我很糟」這兩種想法混在一起。

因此，提醒這些孩子，我們不喜歡的是他的行為，
而不是他，這很重要……

> 寶貝，我不喜歡的是你說的謊！而你，就算我生氣，我還是永遠愛你。我們說好了喔，事情是這樣沒錯吧？

4 我們必須集中心神，**找出問題的解決方式**。

找出問題的解決方式，會使我們逐漸放棄為了孩子說謊而處罰他。
我們愈少懲罰孩子，未來除了會使孩子更勇於誠實面對自己，也會誠實面對我們。

> 為了避免這樣的事再發生，我們可以怎麼做呢？

孩子做了傻乎乎卻不礙事的小蠢事，我們該如何面對，才能避免孩子說謊呢？

淡化孩子做的傻事，使它平凡無奇。

不要把孩子想成罪犯，而要把他當成負責這件事情的人。

以補償取代處罰。

無論是誰把事情搞得一團亂，都會這樣……

你可以承認，就是你……！

我們一起找找看，要怎麼做，才能讓這個髒髒不見！

如果孩子的表現，明顯讓人覺得他自以爲了不起，
實際上孩子常常是覺得自己非常差勁，也正在和這種感受搏鬥。
孩子這種姿態，往往會惹惱身邊的人，導致他在某種程度上貶低自己，
而這一點和孩子建立自我評價的需求正好顛倒。

這種狀況是由於孩子得到認可的期待落空，
以致他自作自受。

面對孩子這種表現，我們不妨：

1 嘗試給孩子不同的回應。

2 避免比較，因為和他人相比，
自然會產生誰比誰好或誰比誰差的想法。

3 找出切合孩子需求的方式，讓他不再擔心自己很遜，
也能充實自己，而且受到鼓勵。

4 為孩子加強他在做的事，幫助他對自己產生更好的評價。

孩子感覺自己受到認可，就不需要再吹牛了！

孩子變成家裡的小霸王

巴拉巴拉巴拉巴拉巴拉巴拉
巴拉。巴拉巴拉巴拉巴拉巴
拉，巴拉巴拉巴拉……

孩子在家裡表現出這種強勢姿態，究竟有哪些原因呢？

儘管孩子採用的方法不恰當，他的這種表現，其實是表示他想參與家庭生活，
也試圖為家裡貢獻自己的一份心力。
我們必須將注意力集中在孩子缺乏的能力上，
因為正是這些阻礙了他，使他的舉動始終無法合適。

孩子**很難考慮身處的周圍環境**，也很難適應身邊發生的事。

孩子**很難調整自己的狀況**，也不容易獨自冷靜下來。

孩子**很難應付焦慮**，也還無法在單獨一個人的狀況下感到安心。

孩子**很難有耐心**，即使只是等一下下，對他們來說也很難捱。

孩子難以處理的這些問題，
對於每個孩子來說，會表現出來的狀況都不一樣。
所以每個孩子都獨一無二！

想要協助孩子得到自己缺乏的能力[19]，
我們必須遵照某些方式達到以下目標：

讓孩子考慮身處的周圍環境

1 讓孩子明白，他不是自己一個人在那裡。

> 喂，你旁邊還有
> 其他人喔！

2 刺激孩子的感官，
使他觀察四周，讓他更能適應
身邊發生的事。

3 幫助孩子站在別人的立場，
為他人著想。

> 如果有人跑來離你房間
> 很近的地方唱歌，你會
> 有什麼反應呢？

> 你看，你哥哥在做
> 功課耶！

4 讓孩子認識自己的身體，好好感受它的狀況，
也藉由下列活動接觸其他人，使他因此理解當前所在情境：

團體運動（像是足球、
籃球、橄欖球……）

團體遊戲（像是扭扭樂、
大風吹、躲避球、一二三木頭人……）

放鬆肌肉

按摩

幫助孩子調整自己的狀況

向孩子說明，在應該克制自己時如何踩剎車，中斷正在做的事，
同時如何將激烈的活動轉為比較和緩。

> 哎呀，寶貝，你的車子目前
> 時速120，而這裡的速限是
> 50喔！

> 你的車子要在花園通往餐桌
> 的路上減速的話，會需要多
> 少時間呢？

> 而且不能啟
> 動車子的安
> 全氣囊喔！

19　原書註：對於發展異常的孩子來說（像是孩子有自閉症、注意力不足過動症、語言學習障礙……等等），他們要獲得這些能力，會比
較困難，即使我們努力教導他們，也未必永遠都會有充分功效。我們可能會因此氣餒，但也正因如此，我們才應該要堅持下去！

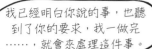

幫助孩子應付焦慮

消除孩子心裡的疑慮

我已經明白你說的事，也聽到了你的要求，我一做完……，就會來處理這件事。

為了讓你在房間玩的時候比較安心，除了找之外……，你需要什麼呢？

也讓孩子能
自己撫平內心的不安

讓孩子在心裡想像一個保護罩，感覺到它的保護。

勸孩子用自己的方式來面對問題（像是抱著絨毛玩偶、聽輕柔的音樂、待在他特別喜愛的位置……）。

要孩子好好做腹式呼吸。

使孩子能耐心等待

向孩子解釋，等待是他做得到的事，因為他的等待會結束，到時候他就不用再繼續等。採取這種做法，我們需要尊重自己對孩子的承諾，但只要我們信守承諾，孩子也會學到這件事，所以這種方式值得一試。

我先答應你哥哥，下一個才輪到你！

在等我們能見到彼此的那段時間，你可以去外面走走，或者在你房間裡玩。

你下午三點半來找我，我答應那時候會停下我在做的事和你一起玩。在三點半之前，你先自己玩！

戴著我的錶看時間，我會準時在三分鐘內寫完電子郵件，之後我就是你的了！

善用桌遊，讓孩子學會等待。

為了幫助孩子在家裡不會露出暴君的模樣，
我們既要保持威嚴，也要維持和藹可親。

我們可以真誠地留心孩子是不是過得好
（包括他吃得好不好、功課做得如何、他的生物節律[20]運作狀況……），
可是我們不去滿足孩子確實需要的關切，
也就是說，在這種狀況中要忽略孩子以下的感受：

被傾聽，也被理解	→	被了解，也被接納	→	被需要，也被賦予責任

我們必須明白，人生在世不可能永遠無拘無束
（我們的心思一定會干擾我們），
不過我們卻永遠都能決定在某些時刻，以不同的方式讓自己徹底自由，
不受孩子的表現影響：

**針對孩子內心的痛苦，
我們會主動聽他說話**

1 注視孩子（以自己的雙眼看著孩子的雙眼），和他有所交流。

2 抱持中立，鼓勵孩子說出感受並加以聆聽，不要有任何批評、判斷，
也不要給他任何建議。

啊，真的嗎？

再跟我多說一點！

哇，這真的很難相信耶！

3 向孩子提出疑問，
而且這些問題都能
看出我們的關心。

4 嘗試了解孩子
過的生活。

那他怎麼回答
你呢？

他這麼說的時候，
你的感覺如何？

關鍵在這裡！ 當我們積極聆聽孩子的話語，我們可以同時完成不需費神的機械性任務（像是燙衣服、為蔬菜削皮……）。相反地，我們要做比較花腦筋的工作（像是讀電子郵件、回覆手機訊息等等），就無法同時好好聽孩子說話。

長期來說，我們要同時規劃：

特定的時間[21]：提出親子約會的小小邀約，
好讓我們在這段時間，一起做由孩子挑選的活動。

**我們必須事先爲約會訂定明確的起始時刻，
讓孩子分辨出自己當前的渴望，和這段特定時間有所不同。**

> 媽咪，妳要來和我一起
> 做樂高嗎？

> 我現在沒辦法，但是下午的點心時間
> 過後，會有一段只屬於我們的時間，
> 你記得嗎？

**這段特定時間要有明確的開始與結束。
這麼做是爲了使孩子能體會時間限制。
在這段特別的時間裡，父母務必留意**

要讓孩子主宰遊戲，藉此**滿足孩子對控制的需求。**

> 大家都說，你喔，
> 你是壞蛋，而我，
> 我是個乖孩子！

> 好了，現在你是
> 遊戲的頭頭了！

> 壞蛋？所以呢，
> 然後怎麼樣呢?!

確保不受打擾（包括不講電話，也不能被其他孩子打斷……），
如此才能讓孩子擁有充分完整的時間，藉此**養成需要等待的習慣。**

家人交流時間[22]：定期安排時間，讓家人經常
交流，家庭成員會從中培養出比較好的互動氣氛，
也能一起規劃家裡的事，並解決問題。

**孩子透過交流時間與其他家庭成員來往，會使他有歸屬感，
也會覺得自己對家庭生活有貢獻。他會因此漸漸找到自己在家裡應有的行爲舉止。**

0　譯註：生物節律（biorythme）是一種未經科學證實的理論，它主張每個人從出生到死亡，都受到三種基本週期循環所帶來的影響，
　　包括身體節律週期、情緒節律週期，和智力節律週期。

1　原書註：這類時段應如何實施，在簡・尼爾森的《溫和且堅定的正向教養》中，有詳細的說明。

2　原書註：同註釋21。

面對孩子反抗，儘管我們透過權力關係，就能輕易翻轉局面，
但以我們的教育立場來說，關鍵不是最後誰會讓步！

孩子會反抗，只是為了要表明他獨有的特質，此外沒有其他企圖。
所以在親子權力對峙中，無論結果誰輸誰贏，孩子都會固執己見，始終如一。

孩子會反抗，可能是某些因素使然……

孩子覺得自己的需要 沒有受到理解	孩子缺乏權力，或者權力過多	孩子反抗時得到的關 注，比服從時更多
父母雙方對孩子的事 意見分歧	**反抗**	親子雙方的 互信變質
孩子說**不要**， 而且拒絕做	孩子說**好**，但沒有做	孩子說**不要**， 卻還是做了

即使最聽話的孩子會屈服於父母的權力，我們從不希望親子關係變成權力對峙。
高敏感的孩子反抗父母時，用權力使孩子讓步，更只會徹底摧毀親子關係。

所以找到另一種可行方式，會比較好。

1 為了擺脫情緒反應引起的衝動，要先置身事外，

讓每個人的腦部上層都能恢復功效：

離開房間	大口呼吸	採取幽默的態度，或者往 旁邊移一步，脫離現場	用手比出停止

2 開創一種氣氛，使孩子覺得我們與他有著相同感受。

讓孩子感受到有人理解他的需求，
縱使我們不同意那件事。

3 提出孩子應負的責任。

你的鞋子亂放，而且就
在房間正中央，這樣會
妨礙我！

把鞋子放好不是我的事，因為
那是你的事。你打算怎麼做呢？

我不想馬上放好鞋子，
而是等下午點心時間過
後再做，我答應到時候
我會做到！

4 加強孩子的合作。

我需要你幫忙！

5 和孩子一起決定預先想到的後續步驟。

好，我們就這麼做吧！如果我注
意到那時你沒放好鞋子的話，依
你看，可能會發生什麼事呢？

嗯，妳會沒收
我的鞋子？

除非你有其他辦法，否則我想這應該
是唯一的解決方式……？

孩子蠻橫無禮，除了表示他無法接受眼前的事，
也表示他的某種狀況必須接受訓練。

我們得試圖了解，隱藏在這種態度背後的究竟是什麼事，
而不是把心思都集中在孩子對我們說的那些話。

孩子的選擇自由，需要限制在一定的範圍之內，為了他的成長，我們要為他劃定界線。
如果孩子推翻這些規範，表現得蠻橫放肆，甚至粗魯無禮，這可能是由於：

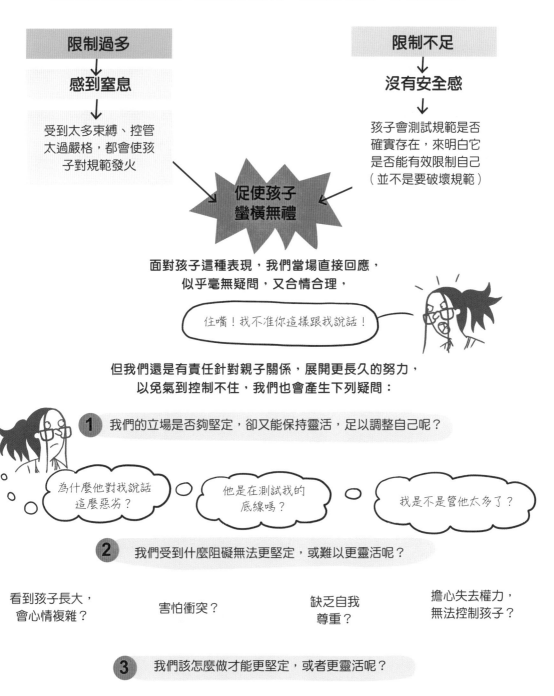

限制過多
↓
感到窒息
↓
受到太多束縛、控管
太過嚴格，都會使孩
子對規範發火

限制不足
↓
沒有安全感
↓
孩子會測試規範是否
確實存在，來明白它
是否能有效限制自己
（並不是要破壞規範）

促使孩子
蠻橫無禮

面對孩子這種表現，我們當場直接回應，
似乎毫無疑問，又合情合理，

住嘴！我不准你這樣跟我說話！

但我們還是有責任針對親子關係，展開更長久的努力，
以免氣到控制不住，我們也會產生下列疑問：

1 我們的立場是否夠堅定，卻又能保持靈活，足以調整自己呢？

為什麼他對我說話
這麼惡劣？

他是在測試我的
底線嗎？

我是不是管他太多了？

2 我們受到什麼阻礙無法更堅定，或難以更靈活呢？

看到孩子長大，
會心情複雜？

害怕衝突？

缺乏自我
尊重？

擔心失去權力，
無法控制孩子？

3 我們該怎麼做才能更堅定，或者更靈活呢？

自我訓練

仰賴夫妻互補

尋求心理學專業的家長輔導

當孩子發出各種聲響，使整個空間充滿聲音，
我們會感覺自己不受尊重!!!

如果對孩子說「閉嘴！你吵死我們了！」
已經沒用，我們還能做什麼呢？

1 為了平息喧鬧，也為了在這種狀態中**重新和孩子交流**，
我們不妨**透過動作，而不是經由語言**，來轉移孩子的注意力。

> 哎呀，嘿，
> 我在那裡耶！
> 你看到了嗎？

> 電視那邊亮亮的，
> 你知道為什麼嗎？
> 那是因為我努力
> 在聽！

啦啦啦啦啦！

2 讓孩子**發洩他過於充沛的活力**，准許他離開目前所在之處，
或者下餐桌。

> 我知道你彈得很高興。你可以繼續彈，
> 但要在你房間裡彈，而且要關上門，或者去外面彈。

3 **勸導孩子改變音高**、聲調、使用的樂器……

> 你可以盡量放低聲音，而且不要有
> 吉他伴奏，在我們面前唱歌嗎？

> 你會用很小聲的方式演奏嗎？
> 做給我看。

4 不理會孩子製造噪音，重新關心他。

在孩子更死纏爛打的狀況下，這麼做可以讓他知道，
他不必為了得到關注，就製造那麼多噪音。

> 跟我說，你今天和你的好朋
> 友湯姆玩得怎麼樣呢？這次
> 他想玩鬼抓人嗎？

孩子在我們與人交談時插嘴、打斷我們的話，或不讓別人說話，
其實都是在表達他需要關心，而這也顯示出孩子無法控制自己的衝動性格。

我們感覺自己受到干擾、精疲力盡，心裡也充滿怒氣……，
在這種狀況下，我們怎麼做會比較好呢？我們可以採取什麼不同的因應方式嗎？

**除了對孩子說「閉嘴，我正在說話！」，
我們還能採取什麼反應呢？**

我們該怎麼做，才能幫助孩子耐心等待呢？

如果孩子打斷我們說話，是由於他害怕忘記自己要說的事，

我們可以讓孩子放心，而且讓孩子和自己輪流說話。

把你要談的事情找一個字告訴我，
我會幫你記得，等我和人家談完，
我們就可以開始談。

如果孩子為了現在馬上就要談而纏著我們，

我們可以協助孩子順利度過這段時間。

拿著我的錶注意時間，
我會在五分鐘內結束交談！

看著這個沙漏，
它會持續一分鐘！

為了讓你知道時間到了沒，
我設定倒數計時器，讓它倒
數五分鐘！

如果孩子糾纏我們，是因為他沒有耐心，

我們就得和他一起找出一種行為或
活動，幫他約束衝動性格，也協助
他和自己重新交流。

讓他做諧振式
呼吸。

我覺得自己很不耐煩時，就會
把拇指和食指連在一起。

我呼吸的方式，
是吸氣五秒鐘，
再呼氣五秒鐘。

如果孩子在其他人之中，找不到自己應有的地位，

在餐桌上安排孩子輪流說
話，使我們能確實聽到每
個孩子的話。

要求兄弟姊妹鼓勵他，
而不要批評排擠他。

當我們一而再，再而三不斷重複同一件事，
不但得花時間，耗掉的精力之多，也難以想像。
最後我們還會不由自主，持續重複同一件事（也就是我們會一次次反覆地『重複』！）。

為了讓家裡其他成員恢復自由，也為了讓自己不再受到束縛，
我們該如何脫離這種倍增的重複呢？

有些孩子非常脆弱，很在意我們是不是把心思放在他們身上，
即使我們其實都會花時間關心他們。
面對這樣的孩子，我們必須設法讓他們漸漸獨立自主，
如此一來，我們的負擔也會減輕。
對於自己該做什麼，這些孩子實際上知道的，比我們心裡以為他們曉得的還要更多！

1 我們務必和孩子一起，為所有會重複出現的狀況，都安排一套**生活常規**……

如果孩子還看不懂檢查表，我們可以在表格加上圖畫或照片說明。

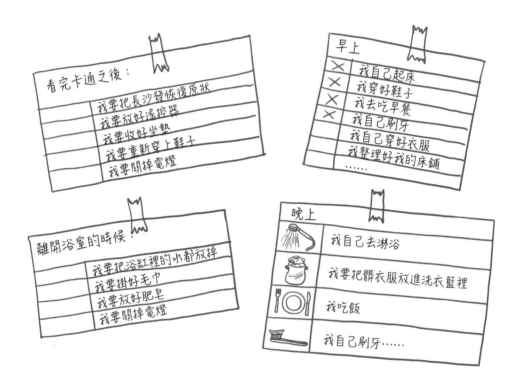

同時要孩子保證，他已經知道檢查表上列出每個項目的用意。
舉例來說，孩子必須了解「我要把長沙發恢復原狀」是什麼意思，以及該如何開始動手。

我們也要接受，即使用了這種工具，孩子的學習過程還是很長；
我們必須承認，這一切不會一次奏效。

2 與其命令孩子，不如向孩子提出問題。

列在檢查表上該做的事，你都已經做好了嗎？

啊，還沒有，我忘了刷牙。我馬上就去！

去上學之前，你還有什麼事情沒做嗎？

3 一件事只需要掌握住單一詞彙，是其他詞彙都無法取代的字，口頭上也（或）只要掌握一個簡單訊號就好。

寶貝，你的床，麻煩你囉！

4 我們要運用威嚴，但也要鼓勵孩子。

你一整理好玩具，我們就立刻出發去參加這場生日聚會！

當我們叫孩子捧著書讀，耐心等自己睡著的招數失靈，
而且也試了許多方式，這時候想再讓自己多睡一下，
我們還能嘗試怎麼做呢？

他故意找兄弟姊妹麻煩

媽——

又怎麼了？

他跑來找我房間，可是我先前跟他講過，他不能來！

嗯，好吧，但你不能因為這樣，就拉他頭髮啊！

還有你，如果你沒有去翻……呃，去煩你哥哥的話，這件事就不會發生了啊！

這種場景，有誰從來沒經歷過呢？

面對孩子爭吵，我們會感覺孩子叫我們，
好像是在叫裁判或評審過去一樣。
而我們也會自然而然，就傾向站在某個孩子這邊，
或站在另一個孩子那邊⋯⋯

但這是陷阱！

如果這場爭執顯然會醞釀出一種氣氛，讓人心裡不舒服，也會使大家迅速發飆，

那麼我們首先得將它視為 **三喜臨門**：

1 有接觸，就有摩擦！

得到或失去權力　　　　　　　　報復　　　　　　　　算帳

自卑感　　　　　　　　優越感

兄弟姊妹間的地位　　　　　　　　　　　　　　　競爭⋯⋯

無論孩子為何吵架，引發衝突的孩子，就是

和孩子吵架原因有關係的人。

比起不在乎，有爭論比較健康！

完全沒有爭吵的家庭，會使人懷疑這家人是否真的是一家人。

2 吵架能讓孩子**培養出某些生活技能**，像是：

辯論　　　　　　　　應付挫折　　　　　　　　尋求和解

協商　　　　　　　學習等待輪到自己的時候　　　　　　分擔⋯⋯

3 爭執能讓孩子透過與他人互動，有**進步的機會**，而且是在沒有成人幫忙的狀況下！

如果事情是這樣，那麼以上述提及造成孩子吵架的起因來說，某些爭吵我們可以不理，
至於其他爭執，我們則必須插手干預。
但家裡每位成員決定自己是否干涉孩子吵架，標準可能都不一樣。

造成這種差異的因素有很多⋯⋯，包括我們的教養想法、價值觀、情緒等等。
所以孩子吵架時，我們必須看出某些線索，
這些跡象都能幫助我們找到最公平又最合適的立場，來面對孩子爭執。

當問題涉及 輕微爭執

1 放任孩子起衝突，讓他們產生摩擦。

如果爭執小得要命，但孩子一開始爭吵，我們就立即隔開他們，
這對於培養孩子的生活技能，將毫無助益。

2 向孩子表現出我們已經注意到他們吵架。

孩子發生爭吵，五次裡一定有四次會引起父母關注，
即使父母這種關切，帶有否定意味。

 我看到你們的狀況了。我知道你們可以只靠自己，就處理好這件麻煩事！

3 我們必須對孩子說，我們相信他們能自己
找出辦法，解決他們之間的衝突。

 我不管你們，讓你們自己找方法解決，而且是你們都覺得合適的方式。

4 我們堅決**不要插手干預**！（我們離開現場，不要嚼舌根，
也不要為了讓家裡維持常態，就要孩子離開房間。）

如果我們打算有條有理替孩子解決爭端，
這將使孩子無法從衝突中學習。

你們吵架讓我覺得很不舒服，所以
我要離開到遠一點的地方。

你們在這個房間很吵，
去其他地方吵你們的架！

反之，當孩子 爭辯 時出現肢體暴力，（或）口中也說出粗暴言辭，
或者在爭執中，孩子濫用自己的權力對待另一個孩子，
這時候我們就要 介入調解 ，但同時得審慎留意幾個重點：

1 插手干涉時，要像居中**調解者**或**監護人**。

如果我們像法官或裁判那樣，日後我們會永遠無法公平調解孩子爭吵。

畢竟我們怎麼有可能確實了解，
當時引發爭端的究竟是誰……？
先有雞或先有蛋，
大家真的說得出所以然嗎？

我們不清楚事情的完整面貌，也只看得到冰山一角——
對於孩子的爭執，
我們掌握得住的情況，就是這樣！

2 **不要表明自己的意見或想法**，而且要考慮到吵架的孩子是一丘之貉。

為了避免在孩子面前表態，我們除了可以再次明確敘述每個孩子向我們報告的事，
也必須只聽實際上發生的事。

3 要確實想到孩子的**所作所為**，不能只想到孩子是我們的骨肉。

同時要避免提出控訴的人打壓對方。

4 請吵架的孩子分開一段時間，使他們恢復理智，好讓他們彼此都準備好的時候，
就能馬上重新開始交談。

5 （如果他們的腦部上層又重新發揮作用，或是等他們冷靜下來）
立刻建議他們**分享自己的觀點**和各自的感受。

6 請吵架的孩子針對剛剛的衝突，一起找出解決方式，
甚至請他們找出**問題的關鍵**，使未來兩人相處情況得以好轉。

我們一定要意識到，在孩子的衝突裡，我們的態度會影響孩子接下來面對爭吵時，
會長期採取的回應方式。因此，如果我們處理孩子吵架，立場經常搖擺不定，
我們可能會一直需要透過向孩子贖罪、道歉等措施，來補救我們的行為，
或彌補我們說的狠話……，
當然，這樣的補償，得等我們恢復冷靜之後才做！

與人相處，
這很複雜

事實上，要孩子和其他人一起玩，是很難的事！
展開一段人際關係，並悉心維護它，
是人間邂逅中最棒的一種，卻也最為棘手！

實際上，這件事沒那麼簡單，
尤其是對那些社交技巧最差的孩子來說！

面對這樣的孩子，我們必須留意他們對外溝通的能力之中，
有什麼可能不利他們與人交流。

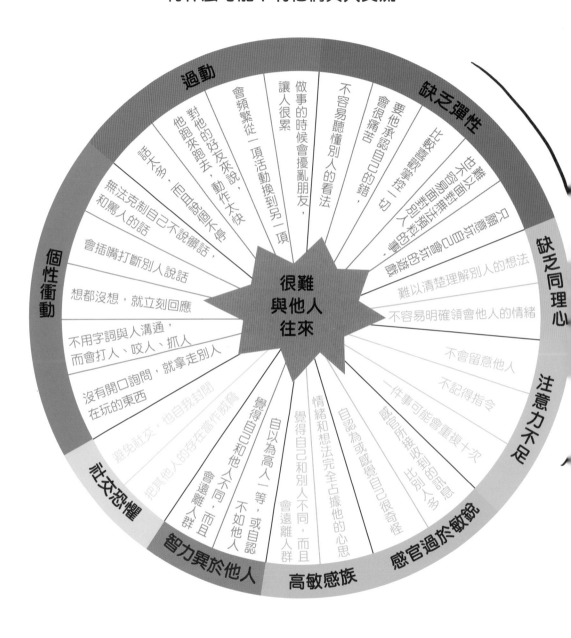

環狀圖裡（敘述不算詳盡）的這些困難，
孩子同時符合的項目愈多，未來就更難與他人來往。
而人際關係的得失，也會嚴重影響孩子對自己的評價。

我們一起來看看這兩種會實際發生的表現：

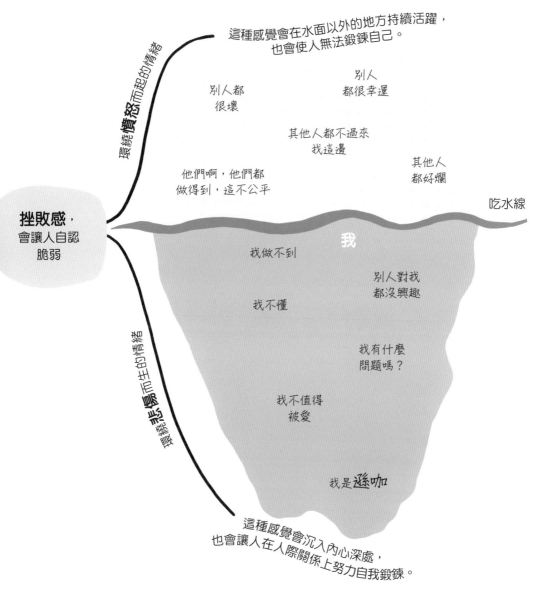

環繞**憤怒**而起的情緒

這種感覺會在水面以外的地方持續活躍，
也會使人無法鍛鍊自己。

別人都
很壞

別人
都很幸運

其他人都不過來
我這邊

他們啊，他們都
做得到，這不公平

其他人
都好爛

挫敗感，
會讓人自認
脆弱

吃水線

我

我做不到

別人對我
都沒興趣

我不懂

我有什麼
問題嗎？

環繞**悲傷**而生的情緒

我不值得
被愛

我是遜咖

這種感覺會沉入內心深處，
也會讓人在人際關係上努力自我鍛鍊。

為人父母的我們，常會看到冰山顯露在外的部分
（甚至我們會表示這就是那些……的人，藉此鼓勵孩子），
冰山沉在水裡的部分，我們卻會忘記。
儘管這個部分比較令人痛苦，也比較隱匿，
它卻是唯一能讓大家真正有所鍛鍊的部分。

為了協助孩子，讓他能長久待在他的吃水線上方，
不至於因為負擔過重沉入深海，
我們必須借助孩子自己的力量，運用他的天賦與經驗，
並鼓勵他從已經發生的事情開始，培養他缺乏的能力，
讓他未來能營造出愉快良好的人際關係。

孩子像舞廳裡的七彩霓虹燈一樣多變，
我們得凝視他展現的各種樣貌，努力找出阻礙他發展人際關係的因素：

如果孩子有**社交恐懼**[23]

任何能幫助孩子平靜下來，讓他不再那麼過度警覺，
也使他在發展人際關係時，得以克制情緒的能力，我們都必須為他培養。

以身心療法協助孩子，讓孩子能應付焦慮。

請一位朋友來家裡陪伴孩子，與他互動。

鼓勵孩子走向他人，並同意孩子有需要時，就能立刻回來躲在舒適圈裡。

縮減孩子使用3C產品的時間，
讓孩子能實際與人見面，從中獲益。

如果孩子**個性衝動**，或是他**缺乏克制**

凡是能協助孩子耐心等待輪到自己，也能幫助他在人前及與人來往時，
藉此調整自己的所有一切，我們都需要讓他明瞭。

透過角色互換的遊戲，向孩子指出如果他這麼做後果會怎麼樣，例如孩子說話時，有人插嘴打斷他說話。

和孩子一起做意見箱（或選項輪盤[24]），這類工具以後能幫助孩子，等待輪到自己的時候到來，像是讓他為了堅持下去而蹦蹦跳跳，或是如果他怕忘記自己的想法，就先在紙上記下來……

透過示範，教導孩子（在餐桌、桌上遊戲，或車裡）大家可以經由安排輪流說話，直到孩子能自己做這件事。

讓孩子（以網路影片或手機APP）每天練習諧振式呼吸，讓孩子學習更能控制自己，不會做出衝動行為。

23　原書註：社交恐懼常與注意力不足有關，（或）也與資賦優異有關。
24　譯註：選項輪盤（roue des choix）是正向教養採用的一種步驟，實際運用方式不一而足。孩子透過這項步驟，不僅能條列出自己可用來處理衝突的工具，也能學習在設法解決問題時，為自己的問題負責，並因而漸漸培養出解決問題的能力。
25　譯註：瑞士精神科醫師羅傑‧維多茲（Roger Vittoz）所創的感知心理療法，以重新訓練腦部控制為特徵，可讓人藉由一些練習，使大腦恢復平衡。

如果孩子**過動**

只要是能幫助孩子依照他面對的情況與人物，
校正並調節活力和步調的一切，我們都得讓他有所接觸。

以瑜伽、冥想，和呼吸（諧振式呼吸），協助孩子從心裡感受到自己的身體狀況。

建議孩子和專業從業人員一起參加正念療法聚會，或一起了解維多茲法[25]，使他養成自律習性。

減少食用甜食與加工產品。

幫孩子想像他是F1賽車手，而且目前必須減速。

配合孩子，准許他做自己所需的肢體活動。

如果孩子**心智上缺乏彈性**

如果能協助孩子面對他人引發的意外，也有助他接納別人的想法，
並接受其他人和自己的相異之處，
或能幫助他透過放鬆肢體紓解精神狀態（身心靈各方面都彼此相關！），
無論是哪種方式，我們都一定要讓他熟悉。

透過戲劇或臨時構思的遊戲，讓孩子學著適應別人造成的意外，也使他學習施展自己的創造力。

運用「猜猜畫畫」、「時間到」，和西洋棋……等桌上遊戲。

透過武術、巴西戰舞卡波耶拉，和需要彼此協調的雙人舞……等肢體活動，讓孩子學習做動作、鍛鍊身體的柔軟度，也練習配合他人。

如果孩子缺乏**同理心**

有助於孩子能學習感覺到別人的感受，也能明白他人想法，
並能理解別人和自己不同的所有一切，我們都要向他說明。

例如《腦筋急轉彎》、《天外奇蹟》……等動畫作品，會透過角色設定呈現人類情緒。與孩子一同討論這些動畫的角色、情節等相關問題，能幫助孩子體會他人可能會有的感受。

許多故事裡的人物都會感受到某些情緒。為孩子讀這些故事，並連結故事內容與現實生活。

讓孩子指出每天家裡接連出現的情緒，分別是什麼樣的情緒，讓他有所學習。

如果孩子注意力不足

能協助孩子改善行為與認知，使他集中注意力面對人際關係的所有一切，
我們都務必讓他明白。

孩子試圖敘述與人際關係有關的經歷時，除了仔細聆聽，也要確認他是否專心，並向他提出問題，還必須幫他組織他寫下的內容，使他的描述簡單明瞭。

要確認孩子事後重新描寫他情緒遭受打擊的經歷中，沒有忘記某些觀點，因為這些觀點都對孩子有益，能使他理解實際上發生什麼事。

和孩子一起重讀他陳述的經歷，並協助他了解他的敘述漏了什麼。

向孩子說明這樣或那樣的經驗，下次對他可能會有什麼用。

你的好朋友對你堅持的事，早就已經受夠了，那時你沒有看出來嗎？

如果孩子是高敏感族

能協助孩子學習妥善隔絕情緒干擾，使他不受任何事物侵犯，
藉此保護自己的一切心法，我們都得為他增強。

人眼天生就會配合它承受的光量自我調整。讓孩子看人類眼睛的圖片，同時向他說明，他覺得心裡承受太多侵擾時，也可以嘗試對自己的情緒感應系統做同樣的事。

你的感應系統非常開放，一切因此都能進到你心裡，這可能會在你內心的感受、想法，和情緒之間，造成該死的混亂。

幫助孩子在心裡想像出一個保護罩，防止他人的情緒傷害自己。

讓孩子練習武術、瑜伽、冥想、氣功、諧振式呼吸……，會使他更能妥善處理情緒。

如果孩子**感官過於敏銳**

能幫助孩子接納他特殊感官能力的一切途徑，我們都必須向他解釋。
如此一來，孩子才能學習如何與他的特殊能力共處，也才知道該如何安於別人的眼光。
要孩子跨越障礙，讓他接受自己這個步驟，日後對他最有益處。

你確實聞得到所有氣味，包括臭味，這是真的，但那些最芬芳的香味，你也同樣聞得到。

你的聽覺雖然不好，但你會讀唇語，這反而會讓你比較專心。

以蒙眼猜食物、氣味樂透、「神經衰弱」[26]、動力沙、盲測等遊戲或玩具，來訓練孩子的每種感官，而不是只讓他最反常的感官發揮作用。

向孩子提議一些活動，為他增強感官能力。
以觸覺來說，例如做模型、玩沙、製作糕點。

如果孩子**資賦優異，或智力異於他人**

向孩子指出他和同學來往時，這種特殊智力可能會使他遭到某些捉弄，
同時教他如何預防陷阱，好讓他雖然與別人有些不同，
還是能彼此交流。再說，既然孩子喜歡大家向他說明事情，那麼我們可以和他談：

他的網狀思考模式與人不同。	他的天賦可能會使他令人嫉妒。	他對公平正義的敏銳見解。
他偏執的興趣，會讓他與其他人有隔閡。	他的極端清醒，以及他身為高敏感族，都會使他感覺和別人有所差距。	由於他心智成熟，想得太多，他的人際關係會變得比較複雜……

我們一定要記得，陪在孩子身邊，為他培養各種能力，
需要我們長期投入時間和諸多心力。
未來在孩子的成長歷程中，我們的某些努力相互融合之後，會在很後來的階段才產生作用。

以上述所有問題而論，我們也不能忘記男孩新皮質發育和女孩相比，
差距兩年（所以男孩執行功能的進展也和女孩相距兩年）。
同時也要知道，有注意力不足過動症的孩子和一般孩子相較，二者在新皮質發育上差距三年。

6　譯註：神經衰弱（Memory）是一種考驗記憶力的紙牌桌上遊戲。參加這種益智遊戲的玩家，必須從混合的紙牌中找出數字或圖案相同的牌卡，才能得分。

如果孩子沒有朋友，這表示他還沒有交到朋友！
所以我們必須和他一起訓練他的人際智能
（相關內容見九十二頁到九十三頁）。

追根究柢來說，首先，我們必須意識到我們的社交態度，
是這個問題接下來的關鍵所在。
未來我們在生活圈有交集的社會階層愈多，
我們也就愈能為孩子的社交發展創造有利條件。

那麼，為了幫孩子交朋友……

1 離開學校時，我們得毫不猶豫，**務必與其他家長來往。**

2 我們必須以不一樣的角度，嘗試**了解狀況**：

聽孩子敘述，但事前不要有任何假設，也不要試圖
認為孩子的同學說的有理，或他們說的不對。

與孩子的老師，或其他有機會在不同情況觀察孩子的成人
（包括教育工作者、校外人員……），一起找出孩子遇到的困難。

3 以孩子遇到的困難為起點，我們不妨藉由下列方式，幫助孩子**培養社交能力**：

在日常生活中，每天和家庭成員一起加強訓練。

固定請同學來玩（相關內容見下頁）。

與人往來時，強調孩子喜歡的活動（例如
戲劇、默劇、唱歌、團體運動……）。

如果孩子在全班同學面前，得知自己接受診斷的結果（像是注意
力不足過動症、亞斯伯格症、語言學習障礙……），我們必須同
時向孩子解釋那是什麼。

使用外部支援，包括個人提供的支援（如心理師、兒童精神醫學醫師、動作心理治療師[27]、
語言治療師……），（或）也包括團體（如遊戲小組、同儕團體等等）提供的支援。

---

7 譯註：動作心理治療師（psychomotricien）負責教導由於心理認知影響身體活動的人，幫助他們恢復肢體能力，對象包括孩童、青
少年、老人、身障人士。

他很難和好朋友好好相處

媽咪，今天下午可以請我一個好朋友來家裡嗎？

聽好，每次你請好朋友來家裡玩，最後都會變得很糟，所以我已經跟你說過，你不能再請你的好朋友來家裡了！

孩子邀請好朋友來家裡玩，卻已經有好幾次經驗都不太好，我們可能會稍感氣餒，不敢再讓孩子請朋友來家裡玩！

話雖如此，家這個地方對孩子特別有利，所以讓孩子在家裡學習社交能力，可能會學得最好。

設想如何規劃，才能使孩子邀請朋友來家裡玩，
彼此互動會比較順暢時，我們不要期望太高……
畢竟孩子在人際關係遇到困難，這時候最重要的是，
讓他先從兩個人的來往開始練習：
所以一次只邀請一個人就好！

當孩子邀請的客人已經來到家裡：

1 為了陪他們玩，也為了能掌握孩子遊戲時的互動，
以及遊戲轉換之間的狀況，並使一切順利進行，我們必須挪出時間。

2 我們建議他們玩的遊戲，
都要能**促進孩子學習人際關係。**

具有創造力的休閒活動

能讓孩子表現才華，也使他們
待在彼此身邊時，能培養出一
起做事的樂趣。

桌上遊戲有益孩子學習人際關
係，對於孩子等待輪到自己的時候
到來，這類遊戲也有幫助，它們還
能促進孩子接受遊戲規則，並協助
孩子克制失敗的沮喪。

孩子們，我建議你們選一項
大家能一起玩的桌遊。

而且下午吃的點心，
做可麗餅的麵團會由
你們來準備喔。

家家酒遊戲有助於孩子在現實與
想像間穿梭，也能協助孩子接受與
融入別人的真實生活。

進行**日常生活裡出現的活動**

（像是烹飪、園藝……），能為孩子培育
與人合作的感覺，這類活動也能讓孩子發
展出可在現實生活裡扎根的穩固情感。

3 我們絕對不能忘記，如果孩子和小訪客起衝突，或他們之間有糾紛，
我們介入干預時，只能擔任**居中調解者**或**監護人**。

對於父母來說，
沒有什麼事比看到自己孩子遭人排擠，更令人難受。

儘管這種時候，我們都會把錯推到別人身上，
可是這麼做的話，未來問題只會更嚴重。

歷經如此強烈的失望之後，我們可以：

1 **接納孩子的情緒，**

而且要一而再，再而三反覆接納。

> 我的小大人，你真的很失望……

> 告訴我，我們倆是不是有可能一起想想看，怎麼做才會幫你以後能受邀參加生日聚會呢？

2 利用角色互換演練來**協助孩子，**
使他明白他的舉止可能會嚇到別人。

> 如果你看到一個孩子非常好動，說話也有點大聲，你會想邀請他參加生日聚會嗎？

> 如果這個孩子還代替你吹蠟燭呢？

> 再說如果是你，你會喜歡大家在你面前，把你的禮物拿來玩嗎？

3 設法激勵孩子，讓他開始有進步的動力。

> 好，要你今天就做到很難，不過接下來我們會開始練習。

> 我已經請湯姆星期六來家裡玩。

> 到時候你就會發現自己有進步了。

4 請其他孩子的媽媽提供支援，
以外在步驟配合這項內在步驟。

我們的孩子快要過生日時，為了使事情順利進行：

1. 要提前先送出邀請函。

2. 即使是先前過生日沒邀請我們的孩子參加生日聚會的那些孩子，我們也要請他們來。

3. 確認收到那些孩子的父母回應。

4. 配合孩子的能力，調整生日聚會的慶祝活動（活動太多的話，狀況可能會難以應付）。

5. 強化參與這場生日聚會的團隊成員（像是我們自己的配偶、孩子的哥哥姊姊、孩子的好朋友、孩子的奶奶或外婆……）

自我評價低落的孩子與人往來，可能會無意間就採用支配別人，
或任由自己受人支配這兩種不同策略。

孩子可能會根據狀況，在領導者和追隨者這兩種角色之間，
輪流轉換自己的角色。

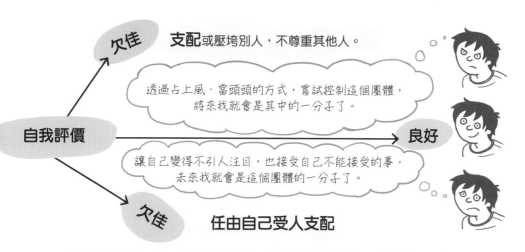

欠佳 **支配**或壓垮別人，不尊重其他人。

> 透過占上風、當頭頭的方式，嘗試控制這個團體，
> 將來找就會是其中的一分子了。

自我評價 ──────────────→ 良好

> 讓自己變得不引人注目，也接受自己不能接受的事，
> 未來找就會是這個團體的一分子了。

欠佳 **任由自己受人支配**

介於兩者之間，唯一能健全運作的，是來往雙方地位平等的人際關係。
在這種關係裡，雙方會彼此尊重，因為即使彼此不同，雙方卻同樣擁有尊嚴。

為了要能尊重別人，孩子必須先尊重自己。

在**受人支配**，或者會**受人擾亂**的孩子身旁指引他們，是一種長期指導。
這麼做的目的，是要讓孩子能夠：

感受到防止自己受人支配，或保護自己不會受人擾亂的重要價值。

> 「你是誰」是很珍貴的
> 事，你知道嗎？

學習設立界限，也學著把自己的界限
告訴別人，並逐步調整自己的極限。

> 你真的有權利
> 不同意。

> 你可以告訴湯姆，說他如果
> 對你講話這麼凶，你就不會
> 是他的朋友了。

學習不懷疑自己想**拒絕**的心
意。因為只有真心相信，也長久
遵循自己的意念，這樣的拒絕，
才具有效力（不妨安排情境，讓
孩子玩角色扮演遊戲）。

> 來吧，從你的內心
> 深處，對我大叫
> 『不要』吧！

接受對他人說「不」而可能失
去對方，並願意忍受這種恐
懼，來確認這麼做確實值得。

在**支配別人**，或者會**擾亂別人**的孩子身邊引導他們，是父母必須確實做到的任務，

如此一來，我們才不會在失望與判斷時搖擺不定（同時能徹底嚴格懲罰孩子的行為），
也才能向孩子說明，與人來往時，他可以站在別人的立場，為他人著想，
而不是支配其他人，藉此幫助孩子脫離這種處境。

當孩子透過暴力，來表達自己的想法或情感
（無論是透過語言暴力，或者是透過肢體暴力），
這都表示他還沒找到其他方式表達自我。

孩子遭人拒絕，或覺得自己受到否定

孩子的生活過得不公平，或他相信他的日子沒有公道

孩子成為他人嘲弄的對象

孩子覺得沒有人了解自己

孩子由於另一個人或其他某些人而感到尷尬、沮喪，或厭煩

出現粗暴反應

孩子沒有安全感，覺得自己遭人威脅、藐視，或者他受到煽動

無論藏在孩子粗暴反應下的情緒是什麼（像是害怕、憤怒、羞恥……），
也無論導致孩子產生粗暴反應的處境是什麼
（包括實際發生的狀況，和孩子心裡感覺上好像是那樣的情境……），
孩子都在告訴我們：他無法抑制自己這種反應。我們該怎麼做，才能幫助孩子呢？

1 向孩子說明，我們覺得**不好**的是他的**舉動**（而不是他！），
同時對他解釋，問題在於他需要**練習**。

2 和孩子一起找出其他選擇，也
一起做他的**選項輪盤**，藉此
向他指出與其動手打人，他還
有**其他選項**可選。

3 協助孩子**了解**情緒衝動，好讓他能更妥善地處理自己的情緒
（相關內容見五十七頁的腦部說明）。

4 恢復對孩子的**信心**，向孩子表示他可以做到不動粗，同時**鼓勵**孩子，
向他指出他的進步，即使只是非常小的改變。

我今天注意到，你到晚上七點為止，
都沒有動手打任何人或任何東西。

你看，你做得到嘛！

對於有注意力不足過動症，而且個性極衝動的孩子來說，我們必須記得他們這項特點，
並對他們表示，不動粗對他們比較困難，所以他們應該更常練習。

家裡的孩子比較叛逆，甚至是顯得粗野，
在日常生活中要貫徹我們的教育立場，已經很難做到，
在他人的注視下，這種情形還可能讓我們非常緊張，
也會使我們不知所措！

這些眼神都有審判意味，它們會妨礙我們，
使我們無法配合孩子的舉動做出合適的反應，
所以日後我們應該嘗試撇開這些眼光。

1 我們插手干涉孩子的行為時，必須重新聲明自己的威嚴。

當我們反對孩子的所作所為，批評要少一點。

> 你把餅乾放回去，
> 等所有人都到了再吃！

2 我們務必接受父母的職責很困難，也得承認我們已經盡全力來做這件事。

其他人只看到我們的生活片段，
卻看不到我們為了幫助孩子付出的一切努力。
舉例來說，控制孩子的衝動個性，需要很久才做得到。

3 我們一定要提防批評，保護自己。

需要的時候，我們得關上門，回到自己的保護罩裡。
這時候我們只接受友善又有建設性的評語。

> 妳看，妳在那
> 方面注意到的
> 事，其實沒幫
> 我太多忙！

4 我們不必期待孩子的舉動像模範生，也不需要在自己身上施加壓力。

孩子真的是海綿，也都有感情，能體會我們的情況。
如果我們為了讓他們規規矩矩（而且還是在親戚的眼光下），
因此承受更多壓力，他們也愈有可能搗亂，而且會毫無顧忌，
甚至還有可能腦袋斷線，開始發飆！

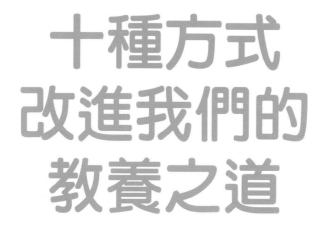

十種方式
改進我們的
教養之道

這些工具的目標，絕不是要我們依照字面意義來用。我們使用它們，目的是徹底接納自己的各種錯誤，也承認我們所做的一切都是摸索，並承諾自己會慢慢進步，而且在有進展時誇獎自己，藉此讓自己做得更好。況且，如果我們願意這樣看待自己，我們往往會進步得比我們認為的更多！

　　我們來到第六章，也就是本書的最後。這一章緊接著要幫助我們為明日的期待努力，而我們的付出和與此相關的人事物，未來也都會因此富有意義。

　　為了與孩子交流，也為了在孩子進步的過程中，建議孩子哪些地方需要改進，並激發孩子本身的才能，同時也鼓勵他，這一章要求我們從自己身上，和觀察孩子開始著手。

　　這一章也提醒我們，注意隱藏在孩子不當行為背後的需求，而且要重視自我調整，讓孩子和我們都能自己調節自身狀況。這一章同時還指點我們，留心自己對孩子的管教態度，一定要堅決又和善。

　　最後，這一章除了說明維持親子關係非常重要，也告訴我們必須永遠把自己的心力，都集中在對我們有意義的重要事物。至於那種需要時間才能完成的事，只要留給時間處理就好。

我們生活的這個世界動盪不安，大家也經常不斷切換電視頻道。

生活裡的時間安排和各種期限都會影響我們。時鐘的滴答聲成為命令，強制我們務必遵守。

我們都忙碌不堪，也都疲於奔命。我們還經常受到煽動，做出回應。

我們要不是反覆想著剛剛發生的事，就是滿懷焦慮預先考慮未來的事。要我們活在當下，過我們平常過的日子，對我們來說，不是那麼容易就做得到。

我們的心思會突然纏住我們，使我們開始動腦思考。我們因此會想很多，多到白白蹧蹋自己的觀察能力，忘了觀察自己周遭的這個世界，任由大自然從我們眼前流逝，也會因而忽略觀察和我們非常親近的人，特別是錯過觀察自己的孩子。

當孩子就在那裡，在我們身旁玩耍，這多棒啊！我們往往會趁機完成我們的種種任務，而事情在這種情況下，應該都會順利進行！

週間夜晚都很短暫，週末時光則迅速飛逝。只有偶爾在假期中，我們的觀察力才會稍微恢復，讓我們得以觀察孩子。

不過，觀察孩子可以不必花太多時間。而且做這件事，也能同時進行一些偏向機械操作的工作，像是整理蔬菜削去外皮、折衣服、燙衣服等等。

無論是手裡拿著抹布，積極觀察著孩子，或者是從報紙（或智慧型手機螢幕！）後面偷偷觀察，當我們真正開始觀察自己的孩子，就會在孩子身上，發現令人著迷的事。

觀察，就是不提出自己的想法。觀察者不會詮釋觀察對象，也不會加以評論。

觀察是一種記錄。它也顯現我們此刻注意到的，是自己先前沒見過的事物。令人驚奇的事有那麼多，我們觀察的時候，不需要試圖分辨自己看到的有什麼合乎規範，或哪些事脫離常軌。

　　所謂的觀察，就是以科學態度收集資料。我們需要收集這些珍貴資料，目的是要認識我們的觀察對象。

　　我們自願採取這種中立態度觀察孩子，並躲躲藏藏，在此同時，我們克制自己，故意完全不干涉孩子，避免一下子就決定什麼對孩子好，甚至我們還會阻止自己，在尚未了解孩子的處境之前，不介入其中插手干預，我們與孩子交流的機會，可能會因此增加。

　　我們與孩子的交流，未來因此有可能漸漸短暫出現。或者，在某些特殊的時刻中，當我們決定把自己的時間完全保留給孩子，也會促成我們彼此的交流……

孩子年紀小的時候，在他的世界裡，我們只要看著他玩，很容易就沉浸在他的想像中，也很容易就親近他。

很容易……嗯……**當我們滿懷成見，認定什麼樣的玩樂才算「好」，心裡卻想掌握孩子世界的入口位置，讓自己進入屬於孩子的那個天地，**我們除了要花點心思，讓孩子知道為什麼我們對他的世界有興趣，也要向他說明我們心裡各種異想天開的渴望（因為我們也和他一樣想要玩，只是我們玩的方式和他不同）。

無論孩子是否經診斷有自閉症，當孩子選擇到一個格外隱密的保護罩裡避難，旁人想進入其中重新接近他，都將是十分棘手的任務。

孩子的玩耍都很認真。他不但會做實驗、進行測試，也會激發自身才智，而且會重新詮釋先前體驗過的情緒，讓自己從中痊癒。在遊戲裡，孩子還會設法強化自己的才能，也會自我調整，並且使自己的想像力更為豐富。更何況有些遊戲會讓孩子與人互動，有些則使孩子學到其他事物。

當我們回到孩子的想像世界，重新親近他的內心，我們也在準備日後要與他交流。 孩子還十分稚嫩時，我們就能了解他用哪種眼光看待自己、看待別人，也懂得他認為這個世界是什麼模樣。我們透過觀察孩子的身體動作，注意他的活力所在、他的心情變化和舉止轉變，就能收集到大量資訊，幫助孩子和自己的內心溝通，以及與他人來往。

啊，對了，神經科學如今已經向我們證實，生而為人，**我們都很複雜，而且我們受到神經系統影響，彼此之間都有所關連**，再說世上萬事萬物都息息相關。我們愈能調整自己配合孩子，我們的孩子也將會知道他應該如何調整自己，並了解如何適應別人。不過，我們會等孩子年紀稍長，才會幫助他發展這種特質。

隨著年紀漸長，孩子會慢慢開始將他的世界與現實世界相互對照，也會逐步將他的世界融入真實生活。到了那個時候，我們不如換一種方式繼續和孩子交流，變成由我們提出問題，來與孩子討論。我們對孩子提出的疑問，都不會帶有調查色彩，例如：你今天得到什麼評語？、為什麼你做了這件事？，而比較像是我們對孩子由衷的好奇，比如說：這份報告的結果，最後怎麼樣呢？然後呢，發生了什麼事嗎？真的嗎？跟我說為什麼會這樣！……

必須注意的是，與孩子對話的時刻，絕對不能妨礙孩子玩樂，也不能阻止他去做其他要事，像是和其他人一起運動，或和朋友一起參加活動。讓孩子和別人在一起，發揮自己的才華與能力，而且能樂在其中，這將是一種很棒的方法，讓孩子能遇到其他人，也讓他能與別人共同分擔責任，共享歡樂。

我們同意在某些時刻讓孩子看他喜歡的影片，或者願意和孩子一起鑽研他當時特別喜歡的電玩遊戲，領略其中有什麼樂趣，這些事都能使我們與孩子建立關係，而且效力還會大得驚人。雖然我們很不情願做這些事，但是，從我們答應孩子開始，我們就得避免在孩子面前流露出否定與不悅。要強調的是，只要父母有意願，就能前往孩子所在的那個世界；而父母去到屬於孩子的世界，並不是為了要證明那個世界一點好處也沒有！

在任何情況下,我們和孩子一起玩的花費,和我們運用的設施,都不會決定我們與孩子交流的品質。比起在擠滿緊張爸媽的超棒遊樂園裡玩突擊隊攻防戰,孩子始終都比較喜歡和爸爸或媽媽,一起在房間地毯上爬來爬去。

話說回來,不管我們在孩子小時候比較常和他一起玩,或者等孩子年紀稍長,我們比較常和他一起討論,我們之所以這麼做,動力都一樣──為人父母者走向孩子,**與他交流並了解他的現況,是爲了在孩子成長過程中陪伴他指引他,使他進一步往前走得更遠。**

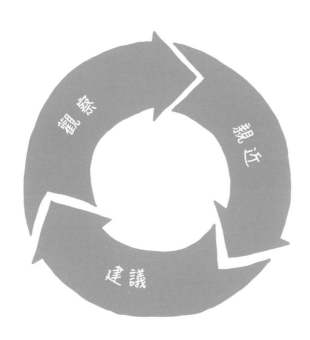

　　我們對孩子的觀察，引導著我們對他的認識。如果我們很了解自己的孩子，深知他的內心世界，包括他的感覺、想法，他對人事物的理解，和他決定要做的事，我們會從中獲得啟發，知道該如何指點他。孩子的外在表現，也會向我們說明他的狀況，包括他完成的事、他的活力所在，以及他面臨的困難。我們可以嘗試用比較積極，卻又盡量保持靈活的行動，陪伴孩子成長。

　　如同每個人的成長歷程，孩子在長大成人的過程中，除了有所表現，也會受到限制；在他身上，有些能力天生就會好好發展，其他能力則需要多加鍛鍊，才會顯現。

　　某些孩子在這段過程中遭遇困難，成為醫療診斷對象，因為某個領域的障礙或缺陷，對他們生活中某些面向造成重大影響，使他們需要接受協助。

　　在凡事都行不通的汪洋大海中，總會有一小塊陸地存在。而那些能順利進行的事，都會在這塊土地上浮現。

　　為了使孩子不會在汪洋大海裡淹沒（第一項必要步驟！），也為了使孩子能有機會，發現會成長、茁壯，而且又穩固得足以在未來依靠的東西（第二項必要步驟！），這一切的關鍵，就是要孩子在接下來的歲月中，必須確定在成長路上能堅定仰賴的這樣東西，畢竟它不但可靠，又確實存在，也能在孩子長大成人的過程中發揮作用。

　　當孩子在發育過程裡，出現了比較煩人的障礙（我們先撇開所謂的TED不談，也就是廣泛性發展障礙〔Troubles Envahissants du d'Éveloppement〕，因為它比較類似自閉症），甚至有的孩子會同時出現好幾種障礙，例如：孩子有閱讀障礙也同時有注意力不足的問題，或者是孩子有發展協調障礙卻同時是資優兒，可想而知，這樣的孩子的成長之路必然會

比較波折，他遇到的危險，也一定會比其他孩子更多。所以，最重要的是我們一定要陪著他，而且身為父母，我們必須像樂團指揮那樣，務必細心謹慎地對待這個孩子，卻又得對他嚴格要求。

讓孩子接受醫療診斷，也正是在減輕他受的苦。這麼做可以讓大家更了解孩子遇到的困難，也會更清楚他（和我們自己！）的心理障礙，並且為孩子開一扇門，讓他比較容易適應學校生活（像是孩子能運用學校的接待特殊需求個案計劃[28]、在校生活助理人員[29]等等）。不過，讓孩子接受醫療診斷也有風險，使孩子因此限制自己，並可能因為臨床診斷症狀，降低他對團體的歸屬感，像是孩子會表示「我有注意力不足過動症」，或者資賦優異的孩子會宣稱「我是資優生」。

最後，孩子的狀況可能會使我們突然得承擔某些職責。我們擔負的一切，都應該根據孩子的狀況加以調整，使它們能與孩子結合，確實在孩子身上發揮作用。在此同時，我們也必須定期重新評估這些職責。我們安排這些事的時候，一定要永遠以孩子的興趣和需要為重心。只是，要做到上述這些，即使是做事最有條理、最有空閒，也最願意吃苦耐勞的父母，都不容易！

我們務必記得，**我們否定孩子，而不是肯定他的時候，也就是看到孩子的缺點而不是發現他的優點時，這其實是一種壓力，它會支配我們，使我們採取負面態度來面對孩子。**當我們的恐懼，導致我們在事情還沒有真正發生，就不斷將情緒投射在尚未到來的時空，預測未來會發生什麼事，造成自己心情緊繃，例如：如果他現在吃這麼少，這會對他的青春期造成什麼影響？、如果她沒辦法睡在另一張床上，而只能睡在我床上，那麼等她十八歲的時候，該怎麼辦呢？如果他小學三年級數學程度就這麼差，將來他永遠都不可能接受高等教育……等等。在這種狀況下，我們將完全無法幫助自己的孩子。

我們必須意識到自己的壓力和恐懼，才能調整自己的狀況，我們也**必須稍微後退，給自己必要的空間，同時使自己平靜下來**，而且要整體考量，才能讓每個問題都得以復原，也才能再開始運用充滿活力的方式，來陪伴孩子成長。

藉由鼓勵孩子這項神奇工具，在孩子長大成人的路上，我們就能走在他身旁，與他並肩而行。

28　譯註：接待特殊需求個案計劃（PAI），法文全稱為projet d'accueil individualisé，是法國行政部門為了有哮喘等慢性病，以及過敏患者等孩童或青少年所設立的計劃，目的是幫助他們適應團體生活。

29　譯註：在校生活助理人員（AVS），法文全稱為auxiliaire de vie scolaire，是法國特殊教育班級裡設置的專業人員。他們除了陪伴身心障礙學童，也會在社交、安全與課業等方面協助他們。

　　魯道夫‧德瑞克斯遵循其精神導師——阿爾弗雷德‧阿德勒留下的足跡，寫道：「孩子需要鼓勵，就像植物需要水一樣。」

　　當神經科學還無法證實，而教育環境也不能完全接受這種主張之前，德瑞克斯和阿德勒這兩位人物，就已經明白溝通的效用，和善意關懷的影響力。

　　對植物來說，水不但是必需品，它對植物產生的作用，也不只是必需品而已。水可以培育植物生長的培養土，好讓植物找到長大需要的一切。

- 鼓勵是激發孩子自己的力量，但必須做的非常巧妙，這樣的鼓勵才能貼近孩子的實際需要。
- 鼓勵是在孩子的成長路上始終都陪著他，同時要不斷讚美他的進步。
- 鼓勵是盯著孩子的進步看，即使那些進展都小得不值一提，同時我們也要向孩子表示，我們已經注意到他的進步。例如：我發覺你馬上就會想到要把自己的碗放進洗碗機裡。或是謝謝你在出門時主動幫忙。或者，你對背詩很有恆心，令我印象深刻。
- 鼓勵不是恭維，也不是祝賀，畢竟我們不需要對孩子歌功頌德，還對他說：你看，你有能力進步，你可以為自己感到驕傲。
- 鼓勵是培育孩子，使他能啟動自己內心的動機。孩子能有進步，重要的是為了他自己，而不是為了要取悅成人，所以鼓勵孩子和稱讚討好他，二者作用完全相反，因為對孩子說好話會使孩子依賴成人的意見，來判斷自己的所作所為。
- 我們在人生的任何階段，都可以鼓勵別人，而受到鼓勵的人也可能從中得到力量，抵抗憂鬱。

　　如果想開始運用鼓勵來管教孩子，《溫和且堅定的正向教養》一書所提出的入門途徑令人讚賞。本書建議親子與師生關係都以鼓勵作為核心，它會推動我們的關係，使它充滿生命力。

要仔細看你先前
走過的每一條路喔！

阿德勒心理學研究方法的基礎之一，就是孩子像成人一樣有兩種基本需求：

* 對身處的團體有歸屬感（包括班級、家庭、運動團隊等等）；
* 對所屬的團體有貢獻（感覺自己有用，也因此覺得自己很重要，而且有參與感）。

正向教養正是以阿德勒的主張為發展依據，它指出**孩子行為不當，其實是很灰心**。如果孩子最後還是無法對自己所在的團體有歸屬感，也沒辦法透過合適的表現，對自己所屬的團體做出貢獻，那麼接下來他就會想盡辦法，尋找自己能產生歸屬感的地方，即使這麼做對他不利。

幸好我們有一項靈敏又強而有力的工具，那就是「孩童需求辨識表」[30]。它由簡·尼爾森構思，並在自己的著作裡介紹（請見本書最後的參考書目）。多虧了這項工具，父母可以從自己的感覺開始，學習辨認藏在孩子不當行為背後的需求和信念。

如此一來，身為父母的我們會徹底轉變，也就是我們會認清孩子行為背後的需求，不會再因為要中止孩子的不當行為，而感到精疲力盡。當**孩子心裡的需求已經滿足，他就不再有理由做出不當行為，先前的不規矩也會自然中斷**。

以這項小小的內在革命為出發點，我們就可以放棄處罰。在短時間內，處罰雖能讓孩子不再做出不當行為，但是以長期來說，處罰絕對無法教孩子任何東西。再說，停止處罰孩子，也能讓我們集中心力專心培養孩子的能力。我們會去思考，孩子用不合適的方式做事，隱藏在這種行為背後的需求是什麼？而他之所以這麼做，他心裡深信不疑的是什麼？他應該要培養什麼能力呢？

30　譯註：孩童需求辨識表的內容與使用說明，台灣讀者可參考《溫和且堅定的正向教養》一書（遠流出版，2018年4月）。

事實上，這種方式最重要的是我們務必漸漸遠離原先的教養方式，慢慢開始運用另一項工具，也就是仔細找出問題的解決方式。我們必須和孩子一起尋找接下來會幫助我們共同越過難關的方法。正向教養的步驟會帶來非常有效的執行模式，使我們能在這方面努力，讓自己有所學習。這種基本原則的學習非常重要，它也會讓我們在家裡（以及在班上、辦公室等）度過的日常生活中，融入我們得到的成果。

不過我們必須答應自己，願意一步步歷經不同的階段，來做到這件事。畢竟羅馬不是一天就能造成，而泰山握住下一根藤蔓之前，也不會放開自己手中原本握住的藤蔓！

為了使自己成長，也幫助孩子成長，我們能透過練習有所進步，特別是在自我調整這部分。

有能力讓自己恢復成毫無損傷，無論是透過什麼手法，都可以說是一種自我調整。我們除了藉此回復自己原本完好無缺、公平客觀、平衡穩重、沉著冷靜的模樣，也能恢復原有的能力。不管進入這種狀態的要點是什麼，對我們的孩子來說，協助他掌握調整自己的各種方法，不論是對於眼前或孩子的一生，也不管是對他和我們的關係，或是對他和別人建立關係時，都有莫大益處。

我們有一輩子的時間足以認識自己。只要開始了解自己，我們就能從這樣的體驗中感受到，這麼做對於我們的內心，或者是調整自己適應別人，都有好處。這項合群的措施使我們與人相處時，可以脫離立即回應別人的模式，開始注意人際關係。

我們照顧自己的內在狀態時，也是在照料自己，讓我們更能夠好好照顧別人。所以我們協助孩子照料他的內心世界，無論是我們自己的小世界或是廣大的世界，都能因此獲得平靜，而且這不僅是短期效果，也是長期作用。

我們的EQ終其一生，都會成長。天生暴躁、敏感易怒，或者是個性衝動，都不是宿命，管理自己的情緒會讓人有所收穫，特別是在暴怒時刻，決定如何表現情緒，會使我們受益最多。

在人生歷程中，我們一直有能力接受自己的情緒，也始終都能安撫自己的情緒。我們學習認識自己的情緒，了解情緒要表達什麼，同時練習放下情緒，克服它們，使自己不要受情緒影響走向徹底毀滅，或是千方百計想讓自己忘掉一切。

有許多方法能協助我們調整自身狀況，每個人也都能依照自己的需求選擇。我們可以選擇適合自己的方法，能啟發自己的途徑，或對自己有利的方式。或許有人會說，這只是一時流行，有些人則認為這麼做沒有用。如果我們很清楚自己這麼做的意圖，例如：調理自己的狀態、學習讓自己平靜下來、在自己內心深處

找到某種東西，或是為了和自己的孩子溝通，而著手和自己交流，以及應付自己的壓力等等，這項步驟就絕對有意義。而且，它會引導我們改進自己，同時有益於我們的人際關係。

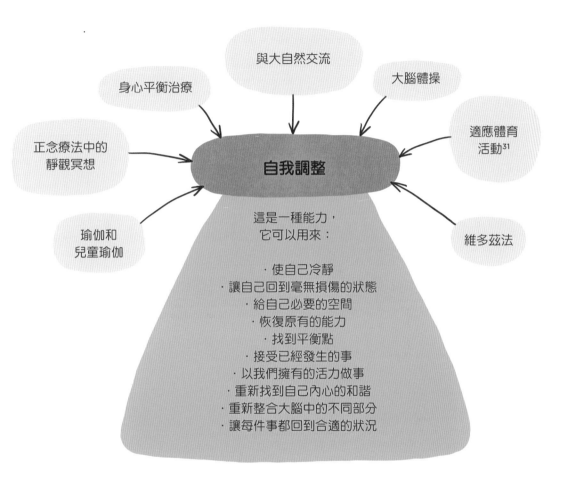

一般說來，孩子需要我們為他設立規範，使他的言行舉止在某種程度上受到約束。我們設立的規範要能靈活變化，也就是它適合目前使用，也可以隨著時間進展，依孩子的成長加以調整。對於高敏感族的孩子來說，事情更是這樣。

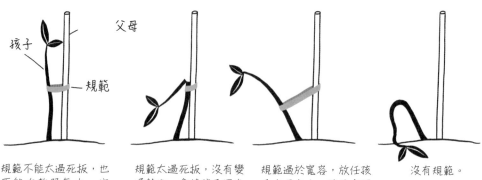

規範不能太過死板，也不能太軟弱無力，它得配合情況隨機應變，而且孩子的成長階段不同，要搭配運用的規範也不一樣。如此一來，孩子就能好好成長。

規範太過死板，沒有變通餘地，會使孩子因各種負面情緒而窒息，不再成長。

規範過於寬容，放任孩子太過自由，孩子會不確定該長成什麼摸樣。

沒有規範。

我們在孩子成長過程中運用規範，態度必須堅決又和善，這是相當重要的事。

我們的堅決，能將孩子的行為限制在一定的範圍內，也能指引他在成長過程中平衡穩定；這種特質使孩子有安全感，同時讓父母感覺受到尊重。在本質上，我們堅決的態度必然包括我們對孩子的善意與親切，與規範的柔韌靈巧。

我們的和善，會在限制孩子的舉動時幫助我們和他交流，藉此培養親子關係；這種特質幫助孩子在長大的過程中感覺平靜安心。在本質上，我們和善的態度裡，必定也包含我們管教孩子的堅定有力，與規範的穩定可靠。

這就像太極圖像裡的陰陽符號，它們使彼此更加豐富，同時也能互補。

如同沒有呼氣，就無法吸氣，或者像我們有兩隻腳，才能夠站得平衡。當我們運用規範管教孩子，我們的堅決與和善就像我們既有船的左舷，又有船的右

堅決

和善

舷；我們必須調整兩側船舷，使我們運用規範管教孩子時，立場可以居中，不會有所偏差。

所以說，運用規範從來就不是讓自己態度堅決，也不是和善地面對孩子就好，而是始終都自己表現得堅決又和善。這才是我們的孩子需要的規範。

這種方法是對父母要求最高的一種管教方式，可是它帶來的收穫也最豐盛。我們不只在短期內收穫豐富，以長期來說，更是如此。

當我們為了養兒育女與另一半合作，此時我們雙方都會變得敏銳，也不會彼此對立，這時候我們能從自己和對方的差異中獲得好處。因為，我們與另一半一起管教孩子時會依靠彼此，像是你變得愈放任，我就得變得更強硬，或者是你愈嚴格，我就必須更能協調衝突。

這代表著我們與另一半都會退讓，為對方留下必要的空間，而且會彼此交談。我們也能參加為家長開設的工作坊，或是指引家長的諮商活動接受指導，使我們更透徹了解家庭這套制度如何運作。

要能做到這些需要勇氣。畢竟逃避困難，永遠都比面對它來得容易。只是我們若選擇逃避，無論是對我們養育的孩子，或者是對我們和另一半，乃至於我們的家庭生活，全都會得不償失。

如果養育孩子的責任，都落到我們一個人頭上，這項任務肯定會更困難，因為沒有另一位家長接手輪班，也不會有人支援我們。所以，在這種情形下，我們無論如何都得離開孩子，就會成為問題所在。所以我們必須注意，要讓自己盡可能依靠與我們關係親近的其他成人（像是朋友、家人、教育工作者），好讓我們能在精疲力盡時，暫時脫離親子關係。如此一來，等時空轉換，我們才能用堅決又和善的態度重新面對孩子。

八、塑造社會情感能力

魯道夫・德瑞克曾說：**人要有勇氣，接受自己不是完人**。他的這項見解，使我們能以自己為榜樣，教導孩子如何處理人際關係。我們用的方式，就是與孩子交流體驗他的感受時，也可以委婉勸導他，讓他能用我們處理事情的方式面對周圍的人。

我們與人爭吵，會請對方原諒我們。因此我們能以自己為例向孩子說明：他和我們吵架後，可以要我們原諒他，他和別人吵了架，也可以這麼做。

當我們心懷真誠，主動接近孩子，和他建立關係，我們也能趁機鼓勵他，建立一種與人往來的模式。這種方式可以讓他與人來往時變得自然輕鬆，他就能用這種方法先和自己交流，再與別人溝通。

如果我們向孩子表現出自己的情緒，同時談到我們的心理狀態（這麼做要很謹慎，不能太討人厭，如果我們向孩子洩漏自己過去的痛苦，卻不能讓他聽了之後恢復平靜，我們也不應該讓他為此心神不寧），我們的感受和言行之間會塑造出某種明確意義，彼此也會協調。

由於孩子是情緒海綿，我們心口如一的表達，會使他清楚理解我們說的事，在這種狀況下，他聽了我們的話，會比較容易理出頭緒。再說，孩子以後遇到類似狀況，馬上就能後退幾步，為自己留點空間，並注意自己的感受，而不只注意我們對他說的話。孩子與其他人來往時，他的言行也會配合他心裡的感受，使兩者相符。

我們的大腦有鏡像神經元這種裝置。它們不但使人與人之間有所關連，而且我們彼此相連的程度，也比當前所知還來得深。儘管目前的相關研究都只是開端，但在心理學和人文科學領域中，這項研究的確是一場革命。所以，我們必須注意，和家人互動品質真正的關鍵，就是**家庭是迷你實驗室，我們在其中測試的立場和態度，都會展現在世人眼前**。

在持續努力改進自己的歷程中，我們也可以考慮自我訓練，好讓我們能修正自己。在此同時，我們也可以選擇適合的治療師，與他一起了解那些生而為人並隨著父母角色而降臨在我們身上的事。

美國心理學家馬歇爾・盧森堡（Marshall Rosenberg）提出非暴力溝通，採用

他建議的這種模式與孩子相處，也會得到許多幫助。

盧森堡相信，我們的肉體中只有我們自己，沒有其他人置身其中，所以旁人無法具體猜到我們的感覺，我們的願望也不會有任何人替我們表明。他的著作都以這項信念為原則。而他也以同樣的原則出發，勸我們要和自己的需求交流，同時要求我們確實表達出自己的需要。畢竟，我們應該學習用有效的方式說出自己的需要。

以下這個小示意圖，可以幫助我們了解在親子關係裡如何運用「你」和「我」，讓我們在溝通時多多鼓勵孩子：

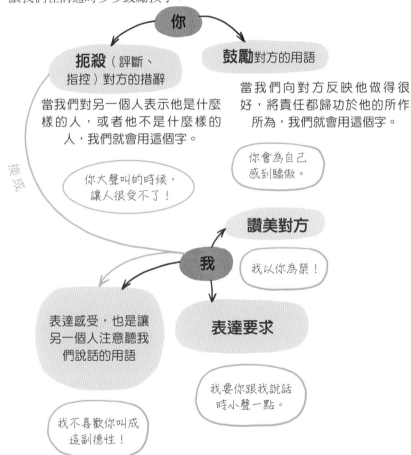

我們得玩些把戲，同時發揮「我」這個措辭的作用！幸好有失敗為成功之母這種觀念，我們才能毫無偏見，完全接納自己的挫敗。所以，我們每天都要讓自己變得更好一點，藉此塑造出自己的模樣。

九、不管發生什麼事，
都要維繫親子關係

和每個孩子的關係，我們都必須悉心維護，這很重要。

如果親子關係遭到破壞，**我們務必要加以修復**。大部分時間，親子關係都會存在，所以我們要好好維繫，不要任由其中的差錯，使它損傷得更加嚴重。

如果親子關係變得乏善可陳，**我們就一定要為它增強活力，使它變得生動有趣**。即使孩子似乎完全不想和我們一起做些什麼，也不願意和我們交流，我們除了不要氣餒，也要嘗試新鮮事物，盡量接近孩子躲起來保護自己的地方，好讓我們再度與孩子交流，藉此重新打造這段關係，讓它變得多采多姿又穩固。

如果我們的親子關係變得僵化，甚至一成不變，**我們必須努力恢復它的柔軟靈活**。我們往往安於自己的習慣和立場，要邁出腳步做這件事其實不太容易，不過，嘗試跨出步伐不但能使我們重新接近孩子，也會讓我們多一點創意，想出下一步該怎麼做，並能讓我們的親子關係變得比較順暢。

如果我們的親子關係原已破裂，後來又受損惡化，目前奄奄一息，**我們勢必要請人協助**。此時，透過中間人維繫親子關係，讓我們與孩子的關係變得間接，也許會很有幫助。將與孩子交流這個崗位，交給和我們親近的人，例如孩子的教父教母，或是家族友人，能與我們互補的教養盟友，數量就會因此增加。若是能請專業人員提供指點，既能幫助我們不再和孩子對立，也能讓親子關係受損帶來的困難處境告一段落。

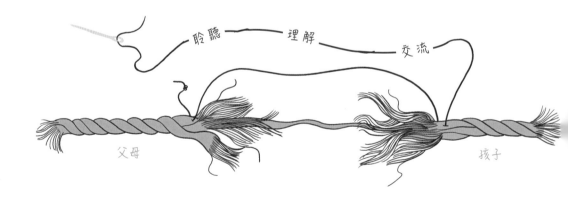

追根究柢來說，我們擁有的人生，就只限於活在人間的這段時光（原則上說來！）。

我們希望在這段生活裡做些什麼，我們想活出什麼樣的人生？這段人生真正重要的是什麼？**我們自己想要什麼？我們想給孩子什麼？**無論我們願意指點孩子哪些東西，他們真的會變成我們想教出來的模樣嗎？我們傳授給孩子的東西，他們確實會傳遞下去嗎？我們要教給他們哪些價值觀，又會讓他們學習哪些生活技能呢？

問題的答案，應該由我們每個人依照自己對人生的描繪，和各自發展出來的信念，**每個人自行決定。**

如果我們認為或相信人生艱難又不公平，這個世界很醜陋又很危險，還以為孩子都是負擔，會束縛我們，青春期更是恐怖時刻，當我們對這些想法深信不疑，我們未來的生活，就會明確反映這些觀點。

但如果我們想著孩子將來會變成什麼樣子，也想像他們把自己託付給我們，而我們的使命就是讓他們漸漸變得愈來愈獨立自主、有責任感，也愈來愈有禮貌、謙虛、能與其他人溝通，那麼我們不但會朝這個方向前進，也會以這項方針設定目標，讓自己朝這方面努力，還會在為人父母這條路上，確認我們這些信念。

畢竟我們不可能走了一天的路，卻完全沒有跌倒，雜耍者即使如今技藝精湛，過去也不是從未失手，並曾為此消沉。我們不是胸有成竹的領航者，抵達目的地前對自己走的路深信不疑，世上更沒有這樣的一段長路，讓我們緩步遠遊一路平安，途中從不曾精疲力盡。

即使是錯誤的步伐，失敗受挫的經驗，歷來的誤會、憤怒，與失望，都能讓我們勾勒出自己教育孩子的方式。我們使用的手法，有時非常嚴格，也常常有很多風險，但只要持續走這條路，我們對孩子的薰陶，永遠都會發揮作用。育兒會使我們了解何謂疑問，也會明白有什麼無法確定，甚至知道什麼是氣餒。我們不

僅會弄錯，也會摔倒，偶爾還會失去力氣，撐不下去。

可是，我們也會收到無價珍寶。其中的某些我們會拿在手裡，其他的某些則會和我們擦身而過，原因是我們年紀太老脊椎太彎，心胸狹隘視野太窄，而且我們還怒氣沖沖，下顎繃得太緊，內心積壓的不滿太深。

在陪伴孩子成長這條路上，我們一路採到的花朵，可說是形形色色。

如果我們知道自己能夠創造出名為思想的花床，也曉得我們能夠培植出我們稱為憂慮的花圃，那麼為什麼不讓自己耕種出一片田野，而這片田野的名字是可能性呢？

我們培育的這朵花，儘管在大家眼裡並非顯而易見，可是孕育這朵花是我們應負的責任！而且，這朵花的模樣、顏色、結構，和香氣，未來都會很像我們。

堅決　　親切　　交流　　理解　　持續

教育方式

　　我們在本書要召喚的，是為人父母的創造力。未來不會有其他人代替我們管教孩子，也沒有任何書籍（包括本書在內）會提供事先備妥的方案，讓我們不需要任何準備，就能用它來教育孩子。世上沒有完美無瑕的父母。我們老去之前，我們所做的一切，都會發揮功效，況且無論我們多老，萬事萬物都還會改變，所以我們得鼓起勇氣，讓自己不顧一切，投入全部心力栽培孩子！

　　我們必須帶著幹勁，大膽嘗試各種工具，並勇於接受錯誤，
　　而且要懷抱謙虛與想和孩子交流的欲望，它們都會改善親子關係，
　　我們要有耐心與恆心，
　　並以苛求與寬容面對孩子，
　　還要保持信心與警覺，

　　我們平常就得做的事，和我們教養孩子的長期展望，其中都混合這股動力，所以我們真的可以運用它，放膽教育自己的孩子。

　　這件事只能靠我們自己來。

　　一份清單會企圖要包山包海嗎？以下這份清單，出自一份長長的參考書單。我們展開這個計劃之前，和本書寫作期間，那些書我們都已經慢慢取得，並一本一本瀏覽過。我們將獲得最多靈感、帶來最多啟示，也最能夠指引我們的書列在這份清單裡。這份清單是我們的建議，每個領域的書都濃縮著某項棘手主題，使它變得單純，易於透過閱讀理解，可以說是以某種方式讓這些知識變得普及。至於比較偏向技術性，或比較專業的著作，我們就予以捨棄。

一些給成人的書：

正向教養方面，以及關於阿德勒研究方法

Jane Nelsen, *La Discipline positive*, adaptation de Béatrice Sabaté, Éditions du Toucan, 2012. （《溫和且堅定的正向教養》，繁體中文版由遠流出版，二〇一八年。）

Rudolf Dreikurs, *Le Défi de l'enfant*, Robert Laffont, 1972.

Eva Dreikurs-Ferguson, *Introduction à la théorie adlérienne*, traduction d'Armelle Martin et Béatrice Sabaté, Éditions du Toucan, 2017.

神經科學觀點

Daniel J. Siegel et Tina Payne Bryson, *Le Cerveau de votre enfant*, Les Arènes, 2015. （《教孩子跟情緒做朋友：不是孩子不乖，而是他的左右腦處於分裂狀態！》，繁體中文版由地平線文化出版，二〇一六年。）

Daniel J. Siegel et Tina Payne Bryson, *La Discipline sans drame*, Les Arènes, 2016. （《教養，從跟孩子的情緒做朋友開始：孩子鬧脾氣，正是開發全腦的好時機》，繁體中文版由采實文化出版，二〇一六年。）

創新教育

Audrey Akoun et Isabelle Pailleau, *Apprendre autrement avec la pédagogie positive*, Eyrolles, 2013. （《法式翻轉教養：拯救無數法國媽媽、孩子和老師的「全腦心智圖」學習法》，繁體中文版由野人文化出版，二〇一六年。）

Howard Gardner, *Les Intelligences multiples*, Éditions Retz, 2008. （《多元智能》，繁體中文版由五南出版，二○○八年。）

正向教育

Adele Faber, Elaine Mazlish, *Parler pour que les enfants écoutent, écouter pour que les enfants parlent*, Éditions du Phare, 2012. （《怎麼說，孩子會聽 vs. 如何聽，孩子願意說：協助親子改善溝通、創造良好互動的六堂課》，繁體中文版由高寶出版，二○一五年。）

Bénédicte Péribère et So lenne Roland-Riché, *Les 50 Règles d'or de l'éducation positive*, Larousse, 2016.

Isabelle Filliozat, *J'ai tout essayé*, JC Lattès, 2011. （《孩子，你的情緒我能懂》，簡體中文版由中信出版社出版，二○一二年。）

Isabelle Filliozat, *Au cœur des émotions de l'enfant*, Poche Marabout, 1999

早熟／資賦優異

Jeanne Siaud-Facchin, *Tout est là, juste là*, Odile Jacob, 2015.

Jeanne Siaud-Facchin, *L'Enfant surdoué, l'aider à gr andir, l'aider à réu ssir*, Odile Jacob, 2015.

Jeanne Siaud-Facchin, *Trop intelligent pour être heureux*, Odile Jacob, 2008. （《太聰明所以不幸福？》，繁體中文版由遠流出版，二○一七年。）

注意力不足過動症

Olivier Revol, *On se calme ! Enfants agités, parents débordés*, JC Lattès, 2014.

Dr Jacques Thomas et Gilles Azzopardi, *Comment rendre son enfant plus attentif*, Marabout, 2004.

自我調整

Eline Snell, *Calme et attentif comme la grenouille*, Les Arènes, 2012. （《平靜而專注　像青蛙坐定：你的心靈指南》，繁體中文版由張老師文化出版，二○一八年。）

Paul et Gail Dennisson, *Brain gym. Le mouvement, clé de l'apprentissage*, Le Souffle d'or, 1992. （《大腦體操——完全大腦開發手冊》，繁體中文版由張老師文化出版，一九九九年。）

EQ／人際關係

Marshall Rosenberg, *Les mots sont des fenêtres (ou ce sont des murs)*, La Découverte, 2016. （《愛的語言：非

暴力溝通》，繁體中文版由光啟文化出版，二〇〇九年。）

Daniel Goleman, *L'Intelligence émotionnelle. Accepter ses émotions pour développer une intelligence nouvelle*, J'ai lu, 2003. （《EQ：決定一生幸福與成就的永恆力量》，繁體中文版由時報出版，二〇一六年。）

健康生活

Erwann Menthéour, *Et si on arrêtait d'empoisonner nos enfants ?*, Solar éditions, 2017.

Giulia Enders, *Le Charme discret de l'intestin*, Actes Sud, 2014. （《腸保魅力：健康不健康？腸子說了算！》，繁體中文版由平安文化出版，二〇一六年。）

Dr David Perlmutter, *Ces glucides qui menacent notre cerveau*, Marabout 2015. （《無麩質飲食，讓你不生病！：揭開小麥、碳水化合物、糖傷腦又傷身的驚人真相》，繁體中文版由天下文化出版，二〇一八年。）

一些給孩子的書：

Mireille d'Allancé, *Grosse colère*, École des loisirs, 2001. （《生氣的紅魔怪：協助孩子學習情緒管理，不再是壞脾氣的小霸王！》，繁體中文版由五南出版，二〇一七年。）

Philippe Goosens et Thierry Robberecht, *Justin est un mauvais perdant*, Mijade, 2006.

Cécile Geiger, *Graines de patience*, Hachette, 2004.

Amélie Falière, *Content, fâché ! Jouer avec les émotions*, Nathan, 2016.

Jo Witek et Christine Rousset, *Dans mon petit cœur*, La Martinière, 2013. （《在我的小小心中》，簡體中文版由長江少年兒童出版社出版，二〇一五年。）

Édouard Manceau, *Le Petit Éléphant et les émotions*, Milan jeunesse, 2007.

Richard Marnier et Aude Maurel, *La Lumière allumée*, Frimousse, 2015.

Claude Steiner et Pef, *Le Conte chaud et doux des chaudoudoux*, InterEditions, 2009.

網站資料：
WWW.DISCIPLINEPOSITIVE.FR
WWW.ACTEURSDELIEN.COM
WWW.TDAH.BE
WWW.TDAH-FRANCE.FR
WWW.COHERENCE-CARDIAQUE.COM
WWW.BRAINGYM.FR
WWW.PAPAPOSITIVE.FR
WWW.APPRENDREAEDUQUER.FR
WWW.ANPEIP.ORG

我們的個人網站：
WWW.ANNE-CLAIRE-PSY.FR
WWW.LYNDACORAZZA.COM
WWW.MAMLYNDA.BLOGSPOT.COM